AF315563

DE LA SUPPRESSION

DE

L'IMPOT DU SEL

ET DE L'OCTROI.

IMPRIMERIE DE GUSTAVE GRATIOT, 11, RUE DE LA MONNAIE.

DE LA SUPPRESSION

DE

L'IMPOT DU SEL

ET DE L'OCTROI,

PAR

M. CH. DUPONT-WHITE.

PARIS

GUILLAUMIN ET Cᵉ, LIBRAIRES,

Éditeurs du *Journal des Économistes*, de la *Collection
des principaux Économistes*, etc.

RUE RICHELIEU, 14.

1847

DE LA SUPPRESSION

DE

L'IMPOT DU SEL

ET DE L'OCTROI.

En fait de charges publiques, l'égalité c'est que chacun soit imposé proportionnellement à son revenu. Il suit de là que l'impôt doit s'adresser aux personnes et non aux choses : car les personnes peuvent être interpellées au prorata de leur avoir, tandis que les choses ne comportent qu'un droit de consommation aveugle, indistinct, insouciant du consommateur et de ses facultés. Là est le mérite, l'excellence de l'impôt direct, de celui que l'État perçoit sans user de l'intermédiaire du marchand, sans attendre l'occasion de la dépense : tout autre pèche violemment contre l'égalité.

On allègue, je le sais, en faveur des taxes indirectes, qu'elles sont facultatives, qu'on les paie

si l'on veut, quand on veut, et qu'il ne peut être
question d'égalité à propos d'une charge dont
chacun ne prend que ce qui lui plaît. Pur so-
phisme! ne sait-on pas qu'il y a des consommations d'absolue nécessité ; qu'elles imposent
partout la taxe dont elles sont frappées, au même
titre qu'elles s'imposent elles-mêmes, et que,
pour être naturelle, cette contrainte ne le cède
en rien à la contrainte légale émanée du percepteur. Peut-on se passer de sel ou de céréales, et
s'exempter par là de l'impôt mis sur ces denrées?

D'ailleurs, il ne faut pas l'oublier : l'impôt
doit être universel. C'est la dette de tous envers
l'État, même du plus nécessiteux et du plus dénué.
L'État, quoi qu'en ait dit M. Necker, ne protège
pas seulement la propriété, mais la vie et la
liberté. Or, comme il n'est personne qui de ce
dernier chef ne soit son obligé, tous doivent
concourir en quelque chose aux frais de cette
protection.

Mais pour être universel sans iniquité, l'impôt
doit être direct. Il n'est tolérable dans cette latitude qu'à cette condition et sous cette forme
qui seules en réalisent l'égalité, la proportionnalité.

A ces principes, expression du progrès et
fondement de la cité modernes, il n'y a qu'une
objection possible : la nécessité. Je ne sache pas

de principes qui ne doivent fléchir devant les besoins de la défense nationale et de la sécurité publique. S'il était démontré que l'impôt direct ne répond pas à ces grandes fins de toute société; qu'il ne peut atteindre tous les revenus, ou qu'en les atteignant, il y jetterait, soit un principe de dépérissement, soit une pensée d'émigration, il faudrait bien chercher ailleurs la fortune publique, et quelle que soit la vérité absolue, taxer certains contribuables par delà leur force et leur obligation.

Or, faut-il croire à cette nécessité des taxes indirectes ?

A cet égard, nous dit-on, le doute n'est pas possible. Les taxes directes dans leur état actuel ne couvrent pas les dépenses publiques. Or, il ne peut être question de les augmenter : celles qui pèsent sur le sol, parce qu'elles représentent aujourd'hui plus de la moitié du budget des recettes ; celles qui grèvent les capitaux, parce que ce serait entraver la production. L'impôt foncier, au chiffre de 450 millions, est excessif, épuisant. L'impôt sur le mobilier et sur les patentes n'a peut-être pas cette exagération ; mais l'élever, ce serait diminuer le fonds des salaires, ce serait créer la misère pour le travailleur et des charges pour le budget de la charité publique. D'où l'on conclut que l'impôt indirect, quel qu'en soit l'absurde et l'odieux, est une ressource indispensable à nos finances.

Cette objection, qui se recommande par sa source (nous l'empruntons au livre du marquis d'Audiffret sur *le système financier de la France*), est d'ailleurs contestable de tout point, dans ses détails comme dans sa conclusion.

Il faut dès l'abord rétablir la vraie proportion de l'impôt foncier à l'impôt total. Il n'est pas exact de dire que la terre porte à elle seule plus de la moitié des charges publiques. Ce résultat ne s'obtient qu'en refusant le caractère de charges aux 112 millions du tabac, aux 52 millions des postes, sous prétexte qu'ils sont le prix de choses vendues ou de services rendus par l'État, et non pas une exigence fiscale. On oublie que ce prix confère à l'État un bénéfice de 300 pour cent sur le premier de ces articles, de 60 pour cent sur l'autre. Si l'on veut bien considérer comme un impôt ces bénéfices de monopole, et remettre toutes choses à leur place, on trouve en prenant les chiffres mêmes du *système financier*, un budget d'un milliard 29 millions, dont 450 millions ne furent jamais *plus de la moitié*.

Il faut procéder ensuite à une autre restitution, celle du véritable chiffre de l'impôt foncier. Porter au compte de cet impôt 133 millions de droits d'enregistrement, 24 millions de droits de timbre qui s'appliquent aux transactions immobilières, c'est supposer que ces droits sont toujours payés par le propriétaire foncier ou du moins qu'ils viennent toujours en atténuation des avantages par lui stipulés.

Or, les choses ne se passent pas précisément de la sorte.

L'incidence (qu'on nous passe ce néologisme) l'incidence réelle et définitive des droits d'enregistrement dépend de cette circonstance unique et capitale : le rapport entre l'offre et la demande, soit des terres à vendre, soit des capitaux à emprunter.

Cela posé, dire que le propriétaire paiera toujours les frais de vente, c'est supposer la terre plus offerte que demandée. Or, il n'en est rien, et l'on ne saurait imaginer une hypothèse plus énergiquement contredite par tout ce qui s'appelle expérience, évidence, notoriété. La terre aurait-elle cette valeur progressive qui paraît à chaque mutation, s'il y avait plus d'empressement à s'en défaire qu'à l'acquérir? Y aurait-il en toute vente d'immeubles ce bénéfice notoire, nécessaire en quelque sorte, qui provoque le morcellement des patrimoines, et qui triomphe de toutes les religions du passé, si la propriété immobilière n'était l'objet d'une convoitise, d'une surenchère chaque jour plus ardente et plus passionnée?

Autre chose est l'emprunt fait par le propriétaire. Emprunter accuse généralement des besoins, et peut-être ici l'impôt tombe-t-il presque tout entier à la charge du propriétaire.

Mais cette particularité ne peut infirmer la conclusion vers laquelle on s'achemine; car cet impôt est relativement de peu d'importance. On voit au *compte général des finances* que le droit sur les *obligations* ne produit pas plus de 6 millions.

Il serait malaisé d'évaluer en chiffres précis la part de ces impôts qui demeure à la charge du sol; mais la précision des chiffres n'est pas toujours nécessaire à celle du raisonnement, et nous croyons être ici fort près de la vérité, en laissant au compte des propriétaires, dont la chose est plus demandée qu'offerte, le tiers seulement des droits applicables aux transactions immobilières. La charge de l'impôt foncier ne monterait plus dès lors qu'à 347 millions au lieu de 450.

Telle est l'importance réelle de cet impôt : il nous reste à savoir s'il mérite la réputation qu'on lui a faite d'excessif, de ruineux, et si la terre est véritablement à bout de moyens et de sacrifices, ainsi que la représentent certains financiers.

Un point de départ, un élément de solution qui s'offre tout d'abord, c'est le chiffre de la contribution foncière adopté par l'Assemblée constituante, lequel est de 240 millions. Or, le chiffre actuel de cette contribution excède-t-il en quelque chose les améliorations survenues depuis cette époque dans le sort des propriétaires fonciers? ou plutôt ne répond-il pas simplement à l'essor des forces productives du sol, témoigné par la quantité comme par la valeur croissante de ses produits, et secondé, soit par des faveurs de douane, soit par l'immense et coûteux développement des voies de communication? En un mot, l'État fait-il autre chose, en mettant de nouvelles charges sur la terre, que lui demander le juste retour, et pour ainsi dire le légitime intérêt de tout ce qu'il a fait et dépensé pour elle?

Voilà ce qu'il nous faut examiner; mais sur le seuil du sujet, une objection nous attend. A supposer, nous dira-t-on, que l'impôt actuel, toute proportion gardée, ne soit pas plus lourd que celui de 1791, on ne peut en conclure qu'il soit dans de justes limites; car le chiffre de 1791 était intolérable à cette époque ; et la preuve, c'est qu'il fut successivement réduit d'année en année, et ramené enfin au taux de 154 millions en principal par une loi de 1821.

La preuve est médiocre. Que le chiffre adopté par l'Assemblée constituante ait été réduit de 70 millions de 1797 à 1805, il le fallait bien dans des crises de guerre et de révolution, où la terre avait laissé en partie cette puissance productive qui lui avait été comptée pour la fixation première de ses charges.

Qu'une dernière réduction ait eu lieu en 1821, ce fut une faveur de plus parmi toutes celles qui se prodiguaient alors à la propriété foncière, et dont le curieux détail passera tout à l'heure sous nos yeux.

De tout cela, il ne suit aucunement que les forces contributives du sol aient été surestimées en 1791. On sait d'ailleurs comment fut préparé le décret qui en déterminait les charges, avec quel concours de lumières et dans quelles conditions de maturité, de science, de génie.

Présenté par Lebrun, appuyé par Dupont de Nemours et par Rœderer, ce décret s'était inspiré des calculs de Lavoisier, consignés dans son écrit sur *la richesse territoriale de la France*.

Aujourd'hui, dans cet avancement où est parvenue l'étude et la connaissance du pays par lui-même, cet écrit passe encore aux yeux des plus compétents pour un prodige de sagacité, pour un triomphe du génie sur le vice des méthodes et l'insuffisance des données [1]. Aussi, dès le début, la foi des contemporains répondit-elle au mérite de l'œuvre, et l'on ne s'étonnera pas de l'assentiment prêté par l'Assemblée constituante à l'un de ses membres, qui exposait ainsi les éléments de ces calculs :

« Il est clair, disait Rœderer, que les habi-« tants de la France vivent de son produit. Or, « il ne faut pas moins qu'un produit de 1200 « millions pour suffire à la nourriture de 25 « millions d'habitants, d'après cette donnée « que parmi eux les deux tiers font une con-« sommation de 80 livres, et l'autre tiers une « consommation de 120 livres [2]. »

C'est sur ce fondement que le sol, imposé au cinquième de son revenu, dut porter une charge de 240 millions.

[1] Lorsqu'on étudie, dit M. Moreau de Sonnès, les résultats auxquels Vauban et Lavoisier sont parvenus, à l'aide de ces procédés étranges, on est fort étonné de leur trouver tous les caractères de la vérité, et l'on est tenté de croire qu'il y a des hommes de génie qui sont doués de la prescience des nombres, et dont l'esprit pénétrant arrive à son but, même en suivant une mauvaise route (*Éléments de statistique*).

[2] Tome 9, pages 232 et suivantes de l'*Histoire parlementaire de la Révolution*.

Ce chiffre ne fut donc pas une concession aux nécessités de l'époque, une surtaxe justifiée par l'insuffisance ou la retraite des autres matières imposables. Bien loin de là, il était dans l'esprit de l'Assemblée constituante, et il ressort de toutes ses délibérations à ce sujet, qu'elle entendait dégrever la terre et lui faire sentir le bénéfice du nouvel ordre de choses ; et de fait, il y avait, à ce compte, allégement ; car, selon M. Necker, la contribution foncière, quelques années auparavant, montait à 345 millions[1].

Assurés ainsi de notre point de départ, nous n'avons désormais qu'une chose à rechercher, savoir si l'accroissement de l'impôt n'a pas devancé celui des forces productives du sol.

On a comparé ce que la France produit de nos jours en céréales à ce qu'elle produisait en 1789 ; on a comparé le prix des céréales en 1835 à celui de 1780, — et nous pourrions nous prévaloir de ces recherches qui font ressortir une différence de plus d'un tiers, soit dans les quantités, soit dans les prix de ces différentes époques.

Nous n'en ferons rien : nous laisserons ces résultats, tout constants qu'ils paraissent, pour user de la méthode et des données de Lavoisier,

---

[1] *De l'Administration des finances.* T. Ier, chap. 6. — Le chiffre ci-dessus se rapporte à l'an 1784.

c'est-à-dire pour conclure de la population à
la valeur dés produits, et de cette valeur à l'impôt. En un mot, nous apprécierons le chiffre
actuel de la contribution foncière d'après les
mêmes données qui en ont fondé le chiffre pri-
mitif.

La population de la France est évaluée aujourd'hui à 34 millions d'habitants, ce qui
constitue une augmentation de plus de deux
septièmes sur les 25 millions dont elle se com-
posait en 1791. Or, les exigences du fisc à
l'égard du sol n'ont pas grandi plus vite que
ses facultés productives, mesurées par le progrès de la population qu'il nourrit. Le fait est
que l'impôt foncier de 1846, comparé à l'impôt
de 1791, offre à peine un accroissement parallèle à celui qu'on vient de signaler dans la
population. On en demeure convaincu, si l'on
joint à la contribution foncière de 1791 un élément que nous avons admis dans le calcul de
la contribution actuelle, savoir 25 millions qui
formaient en 1791 le tiers de l'impôt de mutation.

L'impôt foncier de 1791 ainsi totalisé monte
à 265 millions.

Augmentez-le de deux septièmes, c'est-à-dire
dans une mesure analogue au progrès avéré de
la population et au progrès présumé des pro-

duits de la terre, et vous obtenez un chiffre de 341 millions.

A ce compte, les charges qui pèsent aujourd'hui sur le sol, évaluées, comme nous y étions autorisés, à 347 millions, dépassent de fort peu de chose, toute proportion gardée, celles qu'il supportait en 1791.

Cet excédant, avons-nous dit, est peu de chose, tout au plus un 40° du total de l'impôt dont il s'agit. Cependant, s'il fallait absolument en faire justice et démontrer la parfaite équation des deux termes que l'on compare, on n'en serait pas embarrassé. Il suffirait de rappeler qu'il y a eu non seulement amélioration, mais création de matière imposable, et que le progrès agricole a eu pour pendant le rapide essor de la propriété bâtie. Taxer les constructions nouvelles, c'est sans doute un impôt de plus, mais par application du principe qui oblige envers le fisc toute propriété, et non pas en addition aux charges que subissaient les propriétés déjà cotisées. S'il provient uniquement de cette source, l'excédant signalé plus haut ne peut passer pour une aggravation des charges imposées à la propriété foncière. Or, à cet égard, les faits sont précis. Il résulte de tous les documents officiels, et entre autres de celui qui est intitulé : *Comparaison du budget de* 1830 *au budget de* 1843, que le surcroît d'impôt imputable aux constructions nouvelles ne s'élève pas à moins de 8 millions [1].

Au surplus, il faut bien le croire, la terre porte légèrement son impôt, car les accroissements les plus notables et les plus récents qu'il ait reçus, c'est elle qui les a voulus par l'organe de ses représentants, dans les conseils de la commune et du département. On a vu croître d'année en année le nombre des centimes additionnels votés par les conseils généraux pour dépenses facultatives d'utilité départementale, et ce chiffre ne s'élève pas aujourd'hui à moins de 25 millions [2].

Ainsi trois choses qui s'engendrent ou se justifient les unes par les autres, l'accroissement des forces productives du sol, l'accroissement de la population qu'il nourrit, l'accroissement de l'impôt qu'il supporte. Or, ces trois choses ont marché du même pas, et le progrès

[1] On voit, dans ce document, qu'en 1843 ce surcroît d'impôt était en principal de 4,189,000 fr. — Une délibération du Conseil général de la Seine, du 17 novembre 1846, vient de nous apprendre que depuis lors, pour Paris seulement, cet impôt s'est accru de 700,000 fr. A ce principal de près de 5 millions, ajoutez les 81 cent. additionnels imposés ou autorisés par la loi de finances, et vous avez 8 millions qui ne sont pas une surcharge de la propriété territoriale déjà imposée.

[2] Voir le budget de recettes de 1847, pag. 68.

des charges foncières n'a fait que suivre le progrès de la richesse foncière.

Rien que de naturel sans doute à ce que la fortune publique croisse comme la fortune des particuliers qui en est la source unique et nécessaire.

Mais ce droit de l'État prend un insigne caractère d'évidence et de légitimité, là où c'est lui qui a jeté les bases, et pour ainsi dire fait les fonds de certaines prospérités collectives.

Tel est en France le droit de l'État à l'égard de la propriété territoriale. Celle-ci est l'obligée de l'État, d'une obligation qui a deux causes éminentes et distinctes : Monopole, — Travaux publics. — Elle lui est redevable et pour la protection accordée à ses produits contre ceux de l'étranger, et pour les sommes immenses dépensées à son profit en travaux de viabilité, en routes et chemins de toute espèce.

Curieuse histoire que celle de toutes les faveurs de douane accumulées sur le sol depuis que nous vivons de la vie représentative.

Pour les céréales, par exemple, elle débute par une loi de 1814, qui permet l'exportation du blé tant qu'il n'excède pas 24 fr. l'hectolitre dans les départements classés comme les moins productifs.

Elle se développe en 1819, où une loi nouvelle permet cette exportation, tant que le blé n'est pas à 26 fr. l'hectolitre, prohibant d'ailleurs l'importation alors qu'il est au-dessous de 20 fr.

Elle éclate enfin dans la loi de 1822, qui prohibe l'importation lorsque le blé est au-dessous de 24 fr.

Ainsi l'on voit tout ensemble s'abaisser la barrière qui ferme la sortie des grains indigènes et s'élever celle qui prohibe l'entrée des grains étrangers [1].

Cette évidente protection de la propriété foncière ne s'est pas bornée aux céréales : tous les autres produits agricoles en ont eu leur part.

Jusqu'en 1816, point de droits d'entrée sur le bétail : à cette époque, un droit de 3 fr. par tête, sur les animaux de la race bovine, et en 1822 un droit de 50 fr. [2]. En 1806, le fer en barre payait 4 fr. d'entrée par quintal; mais en 1814, il dut en payer 15 fr., et aujourd'hui, sous le régime d'une loi de juillet 1836, il en paie 18 fr. 75. c. [3] On verrait, en poursui-

---

[1] Voir la loi du 8 octobre 1814, et le préambule de l'ordonnance du 26 juillet de la même année.—Loi du 17 juillet 1819. — Loi du 4 juillet 1822.

[2] Voir la loi de finances du 28 avril 1816. Douane, titre I, art. 3. — Loi du 25 juillet 1822, art. 1.

[3] Voir la loi du 30 avril 1806, art. 1. — Loi du 17 décembre 1814, art. 1.

vant ces études, une hausse analogue dans les droits imposés aux laines, aux suifs, aux cuirs étrangers.

Il n'y a pas à se méprendre sur la pensée de ces règlements, sur cette œuvre naïve d'une assemblée de propriétaires. C'est un code tout entier, c'est un véritable monument en l'honneur et au profit de la propriété territoriale, et avec un luxe de détails, avec une richesse d'accessoires tout à fait digne de l'ensemble. Il convient en effet de joindre à cette énumération, et comme inspiré du même esprit, le dégrèvement de 19 millions accordé au sol par la loi du 31 juillet 182?, et l'emprunt des canaux qui fut contracté vers la même époque : 135 millions empruntés à 15 pour cent !!!

Je ne sais si ce tableau passera pour un panégyrique du gouvernement représentatif tel qu'il fonctionne parmi nous. — Je me demande si les représentants furent bien avisés qui traitèrent par la prohibition l'intérêt de tous les propriétaires fonciers, sans prendre garde que la plupart, réduits à des parcelles, sont encore plus consommateurs que producteurs de denrées agricoles. — Je ne garantirais pas que l'intérêt, si puissamment servi par ces mesures, fût précisément celui de la communauté tout entière. Quoi qu'il en soit, une chose est hors de doute, c'est que le résultat comme l'intention de cette politique fut de développer la richesse de certaines classes et que l'État est pleinement admissible à revendiquer sa part dans une prospérité qui lui a de telles obligations.

Ces obligations d'ailleurs ne sont pas les seules : dans un autre ordre de faits, elles sont encore plus apparentes et plus positives. C'est une particularité de notre époque que la faveur et l'essor des travaux publics. En 1831, le budget ordinaire des ponts et chaussées était de 27 millions; — en 1838, il s'éleva à 45 millions; — en 1847, il est de 62 millions. Ce n'est pas tout : on a créé pour ce service un nouveau ministère, et ce ministère on l'a pourvu en 1837 d'un budget extraordinaire. Or, parmi ces travaux, les plus largement dotés, sont les voies de communication, si précieuses pour la propriété foncière dont elles élèvent la valeur vénale par la réduction des frais de transport et la facilité des échanges. Depuis le chemin vicinal jusqu'au chemin de fer, la viabilité publique a été restaurée, étendue, complétée à grand renfort de millions. Chose inouïe! l'emprunt, cette machine de guerre, ce remède d'invasion, a été appliqué aux œuvres de la paix. Il y a plus encore, l'amortissement, le

2

palladium des emprunts, a reçu la même des-
tination et lui a immolé ses réserves : de telle
façon que le crédit et la sauvegarde du crédit
ont été prodigués pour le bien des travaux publics et spécialement des voies de communication. Que si l'on veut avoir une juste idée de
l'importance du service rendu à la propriété
foncière, il faut supputer : 1° les accroissements successifs survenus depuis vingt ans dans
le budget ordinaire des ponts et chaussées;
2° la dotation du budget extraordinaire de ce
service depuis 1837; 3° la part de l'État dans la
confection des chemins de fer; 4° les fonds votés
annuellement par les départements et les communes dans l'intérêt de leurs routes et chemins.
Or, si l'on évalue toutes ces dépenses, soit d'a-
près les documents, soit d'après les écrivains
officiels, il est difficile de les porter à moins de
1300 millions [1]. Ajoutons que le progrès de

[1] Voici les éléments de cette évaluation : Pour les rivières
et canaux 392 millions, suivant le calcul de M. Michel Chevalier, *Des Intérêts matériels*, pag. 354. — Pour les routes
royales, 208 millions, à partir des lois de 1837. — Pour le
progrès du budget ordinaire des ponts et chaussées, depuis
la loi de finances du 16 octobre 1831 jusqu'à celle du 5 juillet
1846, 233 millions (voir la Collection des lois de finances).
— Pour les chemins de fer exécutés, 200 millions.

Voir, quant aux dépenses *communales*, le Rapport de

l'impôt foncier de 1830 à 1843 ne dépasse point
45,995,438 fr. (Comparaison des budgets de
1830 à 1834, pag. 51). Ainsi la terre supporte une
augmentation de charges qui ne représente pas
l'intérêt légal des sommes prodigieuses dépensées presque uniquement à son profit pendant
le même laps de temps, dernier trait qui nous
dispensera de toute condoléance sur les charges
croissantes de la terre, qui nous permettra
même d'ajouter qu'elles n'ont peut-être pas atteint leur dernière limite.

Augmenter l'impôt foncier! à beaucoup, ce
vœu semblera mal sonnant. C'est en quelque
sorte *une atteinte à la propriété*, si j'en crois un
document officiel que l'on cite généralement
avec complaisance, je veux parler du *Rapport
au roi sur l'administration des finances*, en date
du 15 mai 1830 : le mot y est en toutes lettres.
Un écrivain anglais de quelque renom, Mac Culloc, est allé plus loin. Pour lui, un accroissement de l'impôt foncier c'est une confiscation,
c'est quelque chose d'aussi odieux et d'aussi

M. Dufaure sur la loi des chemins de fer, du 12 juin 1842.
Cette seule partie des dépenses locales y est évaluée à 126
millions depuis 1839. Reste à connaître tous les millions
votés par les conseils généraux pour routes départementales.

Voir, sur la part de l'État dans les chemins de fer, le livre
de M. Lobet, page 628 : elle est à 430,600,000 fr.

réprouvé qu'une banqueroute de la dette publique [1]. Je sais un communiste qui a défini la
propriété : le vol de la chose d'autrui. Le mot
a désormais son pendant. Il y a des matières
brûlantes, capiteuses, qui prennent feu dès
qu'on les touche, et qui ne portent au meilleur
cerveau que trouble et fumée.

A côté de ces exagérations, une difficulté
reste à prévoir, digne de la plus sérieuse attention.

L'impôt foncier, nous dira-t-on, n'est peut-
être pas excessif en soi; mais à coup sûr il est
mal réparti entre les particuliers. Il y a tel con-
tribuable qui paye le 5ᵉ de son revenu, à côté de
tel autre qui n'en paye que le 10ᵉ. Dans cet état,
si peu qu'on élève cet impôt, on aggrave au delà
de toute mesure une charge déjà bien lourde
pour un grand nombre de propriétaires.

Répondre à cette difficulté par un vœu de meilleure répartition ou par un appel à l'achèvement
et à la révision du cadastre, ce serait l'éluder.
Nous essaierons de la résoudre, en invoquant les
rectifications inhérentes au laps des années.

Oui, sans doute, l'impôt foncier a été mal
réparti dans le principe; mais si l'on prend
garde à l'extrême fréquence des mutations im-

---

[1] Voir le livre de cet écrivain, intitulé : *On Taxation and
funding system.*, page 60.

mobilières, ce grief est désormais irréparable.

Le propriétaire actuel d'un immeuble surtaxé il y a 40 ans peut-être, ne l'a acheté qu'en tenant compte de cette circonstance et en diminuant ses offres de tout le revenu qu'elle emportait; il n'y a eu de lésé que le vendeur entre les mains duquel le domaine a subi cette surtaxe. A ce compte, abolir la surcharge et rétablir l'impôt sur la base du revenu, ne profiterait en rien à l'ancien propriétaire, et serait une pure libéralité pour le propriétaire actuel. A celui-ci la restitution n'est pas due : envers l'autre elle est impraticable. C'est un des secrets du temps pour en finir avec les méfaits du passé.—Quant à cette mobilité de la propriété foncière, d'où vient le remède, il n'y a guère de fait mieux établi. On voit figurer, au compte général des finances de l'année 1841, pour 2 milliards 700 millions de mutations immobilières, qui en supposent pour 27 milliards en dix ans, et pour plus de 40 milliards en quinze ans. En suivant cette donnée, il est permis de croire que le sol de la France a changé de propriétaires trois ou quatre fois depuis 1791. De là cette conséquence qu'une nouvelle répartition abonderait en désordres et en bévues de toute sorte. Au propriétaire d'un immeuble taxé en deçà de ses revenus, elle infligerait la perte du capital qu'il a payé à son vendeur pour prix de cet avantage. Quant au propriétaire d'un immeuble trop imposé, elle le gratifierait en pur don du capital qu'il a retenu dans son prix d'acquisition comme indemnité de cette défaveur.

Iniquité dans le présent à vouloir réparer celle du passé, qui désormais est irréparable.

N'oublions pas ici un précédent qui est une lumière.

Dans la nuit du 4 août, l'Assemblée constituante avait décidé que les dîmes seraient rachetables. A quelques jours de là, Duport et Mirabeau proposaient un décret d'abolition pure et simple. Sieyès s'éleva contre ce décret de toute la hauteur de sa raison.

« La dîme, disait-il, n'appartient à aucun des « propriétaires qui la payent aujourd'hui. Au-« cun n'a acheté, n'a acquis en propriété cette « partie du revenu de son bien. Donc, aucun « propriétaire ne doit s'en emparer. J'aurais « désiré qu'on n'eût pas fait un cadeau de 70 mil-« lions de rente aux propriétaires actuels [1]. »

Et il demandait que les dîmes fussent évaluées en argent et converties en impôt. Cette

[1] Voir les numéros 39 et 40 du *Moniteur*. Le discours de Sieyès y est plutôt en substance qu'en texte. On sait que le *Moniteur* de mai à novembre 1789 ne fut publié qu'en l'an IV pour le compléter.

motion fut écartée ; mais voter n'est pas répondre. Les raisons de Sieyès étaient lumineuses, péremptoires, et de nos jours on n'en saurait trouver de plus décisives contre le dégrèvement des immeubles surtaxés dans le principe : l'analogie est complète de tout point. Ces immeubles, selon toute apparence, ont changé de main ; or, nul acquéreur n'a payé cette portion de leur revenu absorbée par la surtaxe ; nul ne s'est fait faute de réduire ses offres au prorata de la réduction apportée par là dans le revenu de ces immeubles : de telle façon qu'aujourd'hui un dégrèvement, c'est-à-dire un impôt selon le revenu, serait une justice rendue non au propriétaire, mais à la propriété, non aux hommes, mais aux choses.

Mais alors, nous dira-t-on, à quoi bon le cadastre ? A rien, répondrai-je, là où il dure 40 ans, laissant consommer sans retour l'injustice contre laquelle il est institué, ou portant avec soi une rectification pleine de trouble et d'abus. A rien encore, là où il est entendu que l'impôt doit être selon les besoins de l'État, et non selon les facultés des contribuables.

Le cadastre, la péréquation de l'impôt, la notion exacte du revenu de tout immeuble, tout cela serait d'un prix infini, si l'État voulait prendre à chaque citoyen une portion de son

superflu pour réparer les misères engendrées
par le régime des castes; pour venir en aide
par toutes les assistances de l'éducation, du travail, du crédit aux inégalités d'origine violente
et arbitraire. Sous un régime où l'impôt devrait
aller jusque-là et défrayer pareille restitution, il
lui faudrait cette lumière préalable, sous peine
d'atteindre le nécessaire et de réparer une injustice par une autre. Mais si l'impôt doit seulement suffire aux services de l'armée, de la justice, des travaux publics; s'il doit respecter,
dans son assiette et dans son emploi, les rela-
tions actuelles des hommes, quelle qu'en soit l'o-
rigine, l'impôt, dans cette limite, peut vivre sur
ses errements actuels dont le vice a disparu par
l'effet des années et dans la fréquence des trans-
missions immobilières.

Ainsi les iniquités de la répartition primitive
sont couvertes à l'heure qu'il est : le temps a
passé, avec les amnisties qu'il recèle, sur ce qui
fut jadis une spoliation. On serait donc mal
venu à parler de propriétaires surchargés déjà
par l'impôt, taxés au cinquième de leur revenu,
et qui seraient écrasés par toute addition à ce
fardeau.

Est-il plus exact de dire que tout surcroît de
l'impôt foncier soit un découragement du progrès agricole.

L'appréhension serait fondée si l'impôt croissait comme les produits. Telle était autrefois la *taille* sur laquelle il n'y a qu'un cri parmi tout ce qui fut jamais d'économistes et de financiers. Mais on sait quel est aujourd'hui le procédé par lequel s'accroît l'impôt foncier. Cet impôt est immuable pour une portion qui est réputée la charge normale de l'immeuble, et l'accroissement a lieu partout proportionnellement à cette portion. Tel est le mécanisme du *principal* et des *centimes additionnels* dont se compose la contribution foncière. Cette addition est établie de la sorte sans égard au revenu croissant ou décroissant de l'immeuble. Il est vrai qu'elle a son inconvénient : elle surcharge toute propriété dont la valeur a subi quelque dépréciation, soit que le goût public ait abandonné ses produits, soit que des nouvelles routes leur aient suscité des concurrences, ce qui peut être par exemple le fait des chemins de fer, ou le cas des vignobles.

Mais la théorie qu'on vient d'exposer admet un autre élément qui la complète. Nos lois autorisent le dégrèvement du propriétaire qui justifie d'une perte de revenu. Tel est l'office *du fonds de non valeur* que dernièrement une commission de finances a très bien défini : *une association générale de bienfaisance ayant pour but d'exonérer de leur impôt ceux qui perdent leur revenu* [1].

Que le fond de non valeur au chiffre de 1 million 500,000 fr. soit au-dessous de son office, la commission du budget n'hésite pas à le reconnaître, mais en attendant qu'il s'élève à la hauteur de ses fonctions, la théorie en est excellente et ne laisse rien à désirer.

Ainsi tombe la première partie de l'objection que nous avons prévue en commençant, et qui revendique l'impôt indirect, malgré tous ses vices, dans la défaillance, dans l'impuissance de cette fraction de l'impôt direct qui affecte le sol. Nous venons de voir que cet impôt n'est pas excessif et qu'il est même susceptible d'accroissement [2]. Il nous reste à montrer que l'impôt

[1] Voir le Rapport de M. Magne sur le budget des recettes de 1847, pages 10 et suivantes.

[2] La terre serait-elle apte à porter plus d'impôt, fécondée par des établissements de crédit agricole? Faut-il compter ces institutions parmi les moyens éventuels d'accroître les forces productives et contributives du sol? C'est le sentiment de M. Wolowski, qui l'a exposé à diverses reprises avec une singulière sagacité (voir entre autres le *Journal des Économistes*, n° d'octobre 1844). Cependant il nous reste un doute : plus de capitaux ne serviraient peut-être, entre les mains du

direct, mis sur les capitaux, n'est pas à beaucoup près à la hauteur qu'il peut atteindre, qu'il offre les plus étranges lacunes et comporte de notables augmentations, lesquelles pourraient alléger l'impôt indirect dans ce qu'il a de plus odieux et de plus inique.

Cette seconde partie du sujet, nous l'abordons encore avec plus de confiance que la première.

C'est chose frappante pour le moins réfléchi, que le peu d'impôt demandé à la richesse mobilière. Soit parti pris, soit inadvertance, le fisc a pour les capitaux d'incro ables ménagements. Plus d'une cause y a concouru : les préjugés d'autrefois, la science des physiocrates, l'engouement industriel. Mais avant d'expliquer le fait, il nous faut d'abord l'établir. Il faut montrer, par exemple, telle classe de capitalistes à peine effleurée par le

propriétaire, qu'à l'extension et non à l'amélioration de son héritage. Il y a deux grands appétits en France; l'un pour le sol, l'autre pour les places : le premier est de beaucoup le plus vif et le plus général. Est-ce un argument que le succès obtenu en Prusse et en Pologne par ces établissements ? J'hésite à le croire. Là où la terre porte encore le régime féodal, c'est-à-dire où elle est en général frappée d'inaliénabilité, il est tout simple que le propriétaire, impuissant pour vendre, se soit réservé les moyens d'emprunter. Peut-il en être de même chez nous où les mêmes prohibitions ne déterminent pas les mêmes besoins ?

fisc, telle autre qu'il a complétement oubliée.

Pour ce qui est des premiers, on a compris déjà que nous faisons allusion à certaines catégories de patentés.

Il y a en effet un vice saillant, une lourde omission dans la loi des patentes : c'est le droit imposé sur les sociétés, droit fixe qui les traite comme des individus et qui n'est nullement calculé sur l'importance du fonds social. — Ainsi les capitaux peuvent s'associer et se verser à profusion dans une entreprise ou une manufacture quelconque, caisse d'escompte, forges, roulage, verreries ; il n'y en aura pas plus pour l'impôt. Si millionnaire qu'il soit, cet être collectif, né de l'association, payera la patente comme un seul homme. — Que si par hasard la loi prend en considération le capital d'une société, quel tarif dérisoire, quelle scandaleuse insuffisance !

La Banque de France, un capital *actuel* de 200 millions, paye une patente de 10,000 fr. [1] ! — Elle distribue 9 millions à ses actionnaires, qui ne supportent ainsi qu'un impôt égal au 900me de leurs dividendes [2]. Quant aux

---

[1] Voir la loi du 25 avril 1844.

[2] Voir le Compte-rendu de la Banque de France du 29 janvier 1845, page 31. — La totalité des impôts payés par cet établissement est de 13,667 fr., page 28.

banques de province, le maximum de leur patente est de 2,000 fr. — Les sociétés d'assurance n'en payent dans aucun cas pour plus de 1,000 fr., les sociétés de desséchement ou de défrichement pour plus de 300 fr.

Compterait-on sur le droit proportionnel pour corriger l'insuffisance du droit fixe. Mais le premier de ces droits est calculé sur le loyer. Or, il résulte des tarifs de l'impôt mobilier, et il est d'ailleurs de notoriété constante, que le loyer est une dépense dont la proportion au revenu, en matière d'industrie surtout, est d'autant moindre que le revenu est plus élevé. Cette circonstance est même supputée en toute association comme un avantage qui lui est inhérent, comme une économie de frais généraux.

Qu'on veuille bien y réfléchir : l'association est aujourd'hui la forme usuelle et dominante de l'industrie parce qu'elle y trouve et plus de force contre la concurrence, et plus de chances pour le monopole. L'association des capitaux succède à leur isolement du même pas que le travail aggloméré au travail individuel. Cette tendance se révèle et se prononce chaque jour par des faits jusqu'à présent inouis : elle pénètre même dans la vente en détail, vente de tissus, vente de sel [1]. L'industrie, en un mot, d'individuelle se

[1] Sur ce dernier point, voir un écrit de M. Thomassy... qui

fait sociale : par où l'on démêle tout d'abord le vice d'un impôt sur l'industrie, qui ne distingue pas l'individu de la société, et qui, les soumettant tous deux à l'action du même tarif, laisse échapper la matière imposable dès qu'il plaît à celle-ci de se grouper et se condenser.

On s'explique mieux, d'après cela, le peu de patente que paye l'industrie proprement dite, et l'on s'étonne moins lorsqu'on voit au compte général des finances le droit acquitté par ces catégories de patentés, qui y sont groupées sous le nom *d'établissements industriels.* Là se rencontrent les fabricants à métier, les filateurs de laine et de coton, les entrepreneurs de moulins à soie, les entrepreneurs de fonderies, de forges, de verreries, d'aciéries, de blanchisseries, de papeteries. C'est bien là le siége de la haute industrie et des grands capitalistes. Or, tout cela ne paye que 3 millions d'impôt; 3 millions pour tout tribut des grandes manufactures, qui traitent la laine, le coton, la soie, les métaux ! 3 millions seulement prélevés sur le revenu de ces capitaux qui pourraient s'évaluer en milliards !

constate l'association formée entre : 1° les propriétaires de salines du Languedoc; 2° les compagnies de bateaux à vapeur du Rhône; 3° les marchands de sel de Lyon. (*Du Monopole des Sels*, page 12.)

A coup sûr il en serait autrement, si la loi prenait plus de souci du capital engagé dans ces diverses industries et surtout dans celles qui ont revêtu la forme sociale.

C'est en général une recherche épineuse, pleine d'inquisition dans ses moyens et d'arbitraire dans ses résultats. Mais à l'égard d'une société, il n'en est pas ainsi ; là tout est publicité, lumière, évidence. La loi ne permet pas l'avènement de cet être moral, sans vérifier si les forces répondent au but de sa création, si ses conditions d'existence sont inoffensives pour le tiers, ou tout au moins sans l'obliger à dire son nom, son personnel, son actif, sa durée. S'agit-il d'une société anonyme pour l'émission de papier ? l'autorisation législative est nécessaire ; — d'une société anonyme pour tout autre objet ? elle n'a d'existence qu'en vertu d'une ordonnance rendue dans la forme des règlements d'administration publique ; — d'une société en commandite ou en nom collectif ? l'acte doit en être transcrit au greffe du tribunal de commerce et affiché dans son audience.

Ajoutez enfin la formalité de l'enregistrement que tous les actes de sociétés doivent subir dans leur intérêt, dont ils se dispensent d'autant moins qu'il s'agit pour eux d'un droit fixe et des plus minimes.

Ainsi, de toutes manières, les sociétés livrent leur capital à l'appréciation du fisc : il ne doit imputer qu'à lui-même tout l'impôt perdu par la négligence de ces précieuses données [1].

Mais ici une objection est toute prête.

Ne serait-ce pas décourager l'esprit d'association que de taxer ses œuvres? Autant vaudrait imputer cet effet à l'obligation où sont les sociétés de se faire autoriser par l'État. La faveur dont elles jouissent n'est pas sans bornes. Elle trouve sa limite dans l'intérêt public qui veut un prélèvement sur leur richesse, aussi bien qu'un

[1] C'est l'infirmité de notre législation que ses lacunes sans fin au sujet de la richesse mobilière. Quelque figure que fassent les capitaux dans la société d'aujourd'hui, nos lois de toutes sortes les tiennent pour non avenus, et n'ont souci que de l'immeuble.

Qu'il y ait procès pour une motte de terre, le double degré de juridiction est acquis à cet imperceptible intérêt, tandis que dans un procès purement mobilier cette garantie n'appartient qu'à un intérêt pécuniaire d'une hauteur déterminée.

Qu'il y ait litige entre l'État et un particulier devant le juge administratif, si celui-ci rencontre sur son chemin une question de propriété, s'agit-il d'un sillon, il s'arrête pénétré de son incompétence, et renvoie devant le juge inamovible, tandis qu'aux yeux de la loi, il est suffisant pour statuer sur des millions réclamés par un créancier de l'État.

Propriété, dans le vocabulaire juridique, ne signifie guère qu'immeuble. La sollicitude de la loi s'arrête, se concentre là; à tel point que voulant protéger la dot de la femme,

contrôle pour leurs statuts. Étrange immunité qui serait accordée au mode d'existence, au procédé d'acquisition commerciale, le plus robuste et le plus lucratif de tous ! Si quelques sociétés y ont droit, ce ne peut être en tant que sociétés, mais à raison de leur objet. Qu'on exempte d'impôt les associations pour desséchement et défrichement, à la bonne heure. Là où la loi constitutive de l'impôt foncier traite avec faveur l'individu, il ne peut y avoir d'exclusion pour les sociétés. Mais cette exemption, qui n'est au surplus que temporaire, doit en rester là. L'équité l'exige, et si l'esprit d'association porte en soi la richesse, il ne

elle se contente de déclarer inaliénable l'immeuble dotal !

On dirait que nos législateurs n'ont pas soupçonné l'avénement de la richesse mobilière. On les dirait même assez mal informés de tout ce qui tient à la richesse des nations. Parcourez les discussions qui préparèrent le Code civil : pas plus que dans le droit romain, vous n'y verrez un motif *économique*, c'est-à-dire près de l'intérêt de cette richesse. Là même où cet ordre d'idées était le plus indiqué, dans la matière des substitutions, par exemple, il fait complétement défaut, et l'on n'y rencontre que les raisons politiques, les plus imposantes assurément, mais non les seules.

Ce peu d'état que l'on fait des capitaux tourne à leur décharge, dans le domaine du fisc. Ils sont ménagés par l'impôt au même titre qu'ailleurs, ils sont peu comptés et peu protégés, et les charges s'en détournent comme les hommes et les garanties.

3

périra pas pour être soumis au droit commun.

Nous avons à prévoir dans cet ordre d'idées une objection plus générale, contre tout impôt mis sur l'industrie.

C'est, dit-on, une entrave apportée à la production : c'est une atteinte manifeste sur les sources mêmes de toute richesse et de tout bien être.

Entraver la production ! C'est chose grave à coup sûr ; mais il y a quelque chose de pis, c'est de gêner la consommation.

Il faut pourtant opter : l'impôt doit être pris quelque part. Il y a telle matière, celle des taxes en est une, où l'on n'a que l'alternative des inconvénients et en quelque sorte le choix des fautes. Il s'agit de les peser.

Or la consommation est toujours l'indice d'un besoin, tandis que la production n'en est pas toujours le soulagement : résultat qui dépend d'un rapport, d'un équilibre, non entre les besoins et les produits, mais bien plutôt entre les produits et les facultés d'acquisition. Faut-il ajouter que l'équilibre n'est jamais rompu faute de produits, mais faute de facultés pécuniaires ; ou du moins qu'il y a rarement souffrance à raison de ce que les produits manquaient aux consommateurs, mais souvent à raison de ce que les consommateurs manquaient aux produits ? N'est-ce pas là en effet l'histoire bien connue des crises industrielles, de ce fléau quasi périodique qui s'est acclimaté parmi nous, et qui n'a d'autre principe que l'abus et l'excès de la production.

Ainsi, étant donnés des besoins dont la satisfaction plus ou moins ample caractérise la richesse et le bien-être d'un pays, l'impôt sur la production est préférable à l'impôt sur la consommation ; car cette satisfaction ne sera peut-pas entravée par le premier, tandis qu'elle l'est assurément par le second. Car la consommation est toujours un bien, tandis que la production est quelquefois sujette à une abondance stérile ou désastreuse. — Stérile, si les produits en se multipliant ne tombent point à plus bas prix et plus près des consommateurs ; — désastreuse, lorsque les prix, en s'avilissant, nuisent à la reproduction, entraînent le chômage et portent le trouble dans le taux ou dans la stabilité des salaires.

Dans un cours d'économie politique qui se fait au collége de France, je lis le passage suivant :

« Partout où il y a des hommes qui sont mal « nourris, mal logés, mal vêtus, il est évident « que la production est insuffisante, et qu'il y a « lieu de l'augmenter afin de nourrir ceux-ci,

« loger ceux-là, et donner aux autres des vête-
« ments. Si cependant l'on persistait à croire
« que dans une société ainsi faite il y a encore
« trop de produits, la conclusion serait que,
« même en présence de la misère d'une partie
« des membres de la société, il convient de s'em-
« presser de jeter du blé à la mer, de brûler des
« étoffes, de démolir des maisons. Comme je
« n'entends pas dire qu'après avoir bâti des
« maisons on les renverse, qu'on fasse comme
« sous l'empire des feux de joie avec des étoffes,
« ni qu'on jette le blé à la mer, j'en conclus que
« nous ne sommes pas menacés d'un excès de
« production [1]. »

Puissamment raisonné dans l'hypothèse du communisme, mais non pas dans un état social où les produits qui pourraient assouvir tous ces dénuements, constituent la propriété de quelques-uns. Qu'importent aux haillons de l'Irlande tous les tissus de l'Angleterre ?

Un économiste ne pouvait s'y tromper : Malthus a nettement démêlé que produire n'est pas le fondement unique de la richesse d'un pays, et que cette richesse *tient à des proportions* entre les facultés productives et les facultés consommatrices. Sa théorie, à ce sujet, il l'a longue-

[1] Michel Chevalier : *Cours d'Économie politique*, années 1841-1842, page 108.

ment, savamment développée dans son livre des *Principes*. Il a même un chapitre tout exprès pour l'appliquer au spectacle que lui offrait l'Angleterre en 1815, à cette abondance de capitaux, de produits, de travail, qui pourtant n'excluait pas un état de malaise et même de détresse universelle. Dans sa sollicitude pour cet équilibre vital des produits et des consommations, on sait jusqu'où il est allé ! Peu s'en faut qu'à ses yeux l'impôt et la dette publique de l'Angleterre ne soient de véritables bienfaits. — Il y aurait péril à y toucher, selon Malthus : car les rentes servies et les impôts dépensés par l'État, représentent, pour lui, un élément de richesse, une grande consommation.

C'est une solution. C'en serait une autre que d'appeler l'impôt, non pas à favoriser la consommation, à stimuler la demande, mais à modérer et à brider la production. Quoi qu'il en soit, si l'impôt ne doit pas marcher à ce résultat de propos délibéré, il ne doit pas non plus s'en détourner comme d'un écueil, et s'abstenir dans cette fausse appréhension, d'une des matières les plus légitimement imposables, celle qui se compose des capitaux mobiliers et industriels.

Que penser au surplus d'un argument dont les conséquences vont à détruire la fortune publique ? A propos d'une taxe sur l'industrie vous posez le principe, vous invoquez l'intérêt de la production, et vous appelez là tous les ménagements du fisc. Je le veux bien, mais il est une production, intéressante entre toutes, celle des céréales : n'est-ce pas là que doivent s'adresser d'abord toute faveur et tout allégement? Cette conséquence de vos principes, vous ne pouvez la méconnaître ni la répudier. Or, elle n'est pas moins ruineuse que légitime. Où prendre désormais l'impôt? Où sont vos ressources pour faire face aux besoins de l'État? Où trouverez-vous de quoi couvrir les dépenses publiques, ne pouvant le demander ni au sol, ni à l'industrie?

Ce n'est pas tout : nous avons raisonné jusqu'à présent dans la supposition que les profits de l'industrie recevaient un emploi productif, et dans cette donnée nous avons admis que taxer ces profits, ce serait nuire à la production; mais il n'en va pas ainsi. Tous les profits ne retournent pas à leur source. Il en est, et tels sont entre autres les dividendes des sociétés de commerce, qui se consomment en tout ou en partie comme revenu. Taxer les profits de l'industrie ne sera donc, dans la plupart des cas, que taxer des revenus.

Il est vrai que ces revenus, lors même qu'ils

ne s'emploient pas à acheter du travail et des
matières premières, apportent à la production
quelque encouragement, celui qui appartient à
toute demande de produits, à toute consommation. Mais on peut se rassurer : la portion de ces
revenus, prélevée par le fisc, prendra le même
chemin et rendra le même service à la production. Ce n'est pas apparemment pour thésauriser
que l'État perçoit des impôts. Ce qu'il reçoit des
contribuables, il le dépense parmi eux ; il l'emploie en demandes fécondantes qui s'adressent
à leurs terres et à leurs industries.

Ainsi une taxe bien entendue sur l'industrie
n'aurait point pour effet de nuire à la production ; eût-elle cet effet, elle serait moins désastreuse qu'une taxe sur la consommation ; le fût-
elle autant, il faudrait encore la subir, en vertu
de ces mêmes nécessités du Trésor, qui l'imposent à la production par excellence, à la production nourricière.

Nous venons de voir quels sont les capitalistes ménagés par le fisc. Il nous reste, ainsi que
nous l'avons annoncé, à énumérer ceux qu'il a
complétement omis. Les classes de personnes,
ou plutôt les catégories de valeurs affranchies

de tout impôt spécial, sont au nombre de
six :

Rentes.

Créances hypothécaires.

Offices ministériels.

Professions libérales.

Traitement de fonctionnaires publics.

Dividendes des sociétés.

En droit, toutes ces valeurs sont-elles sujet-
tes à l'impôt? Celles qui sont imposables, comment le fisc pourrait-il les atteindre et les taxer?
Enfin, le produit de l'impôt dont elles seraient
reconnues passibles, suffirait-il à couvrir les re-
tranchements que doit subir l'impôt indirect?

Trois questions qu'il faut mûrement examiner.

Lorsque sir Robert Peel, en 1842, présentait
à la chambre des communes son plan pour
l'income-tax, ce fut une grave question de savoir si cet impôt sur les revenus n'admettrait
pas des distinctions et des ménagements, s'il
n'épargnerait pas certains revenus à raison de
leur source, et spécialement ceux qui sont mêlés
de capital et d'intérêts : tels, par exemple, que
les honoraires professionnels, tels surtout que
les annuités temporaires (*terminable annuities*),

qui paraissent un mode d'emprunt, un genre de placement fort répandu en Angleterre.

Pressé d'interpellations, voici comment s'explique le premier ministre :

« Je ne sais si c'est bien le moment de ré-
« pondre à tant de questions. Mais quant aux
« annuités à terme, on m'a demandé si je ne
« me proposais pas de leur accorder quelque
« réduction de l'income-tax, et les traiter avec
« plus de ménagements que les rentes sur l'Etat.
« Or, je n'entends pas faire cette réduction ni
« aucune autre. Mon projet est de frapper un
« impôt sur le revenu du pays, et il est clair
« que si je consens à des distinctions fondées
« sur la nature du revenu imposable, je ferai
« aussi bien d'abandonner le plan tout entier.
« Je pourrais montrer que si la banque d'An-
« gleterre, si les porteurs d'annuités ont droit à
« quelque remise, cette faveur doit s'étendre
« beaucoup plus loin. S'il faut une taxe sur le
« revenu, il la faut générale et sans acception
« des sources où elle se puise. Chaque homme
« doit payer selon ses facultés. Pareille distinc-
« tion ne fut jamais faite, ni par M. Pitt, en
« 1798, ni par son successeur, en 1806. Le
« principe de ces actes était le même que celui
« de ma mesure, et les annuités payèrent l'in-
« come-tax. Il y avait aussi à cette époque des

« annuités de l'échiquier analogues à celles qui
« existent aujourd'hui, et la taxe ne les épar-
« gna pas. Le noble lord qui siége en face de
« moi veut soumettre à la chambre des pro-
« positions contraires aux miennes. Je m'en ré-
« jouis : le bien public, j'en suis convaincu, ne
« peut que gagner à une prompte décision de la
« chambre; décision d'où dépend, comme de
« raison, et la politique financière de l'année et
« le choix des mains auxquelles doit être confié
« le gouvernement de ce pays [1]. »

Voilà de fières paroles, à ce qu'il semble,
mais au fond peu compromettantes; car elles
couvrent de judicieuses, d'irrésistibles raisons.
De quoi s'agissait-il, en effet, dans cette mesure défendue avec tant de verdeur et de jactance?
d'une taxe qui ne devait durer que trois ans,
qui ne devait prendre à chacun que le trente-
troisième de son revenu, qui ne devait s'adresser qu'aux revenus de plus de 3,750 fr. A tant
de limites et de précautions en ajouter de nouvelles, c'eût été compromettre le résultat de la
mesure, le produit de la taxe et s'éterniser dans
le déficit. Qu'importe, en présence d'une telle
appréhension, une iniquité sans grief notable,
un préjudice qui n'est qu'en passant, une lésion

[1] Chambre des communes, séance du 18 mars 1842.

insensible là où elle tombe? Voilà ce qui était sous-entendu dans le discours de sir Robert, mais suppléé dans l'esprit de son moindre auditeur. On conçoit dès lors tout l'à-propos et le bien joué de cette provocation. C'était, à peu de risques, se donner le relief d'un caractère énergique et altier. C'était l'occasion, selon le mot de Duclos, d'un de ces actes honnêtes, courageux et toutefois sans danger que l'homme d'esprit ne laisse jamais échapper. Quoi qu'il en soit, il est permis peut-être à un impôt modique, temporaire, et qui passe par-dessus la tête du pauvre, d'être absolu à ce point; mais ces procédés ne sont plus de mise, dès qu'il s'agit de fixer d'une manière générale et permanente la part d'impôt que doivent supporter les revenus mobiliers.

Ici l'on ne saurait apporter un soin trop curieux de tout ce qui est nuances, variétés, distinctions. C'est un devoir de l'État envers chaque classe de revenu, de le décomposer dans ses éléments et de le scruter dans ses sources, avant de fixer le concours qu'il doit à la fortune publique.

Appliquant cette analyse aux diverses catégories de valeurs mobilières que l'ont vient d'énumérer, le premier principe que l'on rencontre dans cette voie est celui-ci :

« Tout revenu qui procède de l'Etat ne doit
« rien à l'État par voie de taxe. Quel qu'en soit
« le titre, arrérage de capitaux empruntés, ré-
« numération de services, concession de péage,
« tout revenu de cette provenance est par cela
« même exempt d'impôt. »

Ce n'est pas que les rentiers, les fonctionnaires publics, les compagnies de chemin de
fer soient dispensés de leur part dans les charges
publiques, mais ils doivent la supporter d'une
façon qui est propre à leur double qualité de
créanciers et de débiteurs de l'État : ils doivent
la payer *en mains prenant*.

Ce que l'État aurait demandé d'impôt à ses
créanciers et à ses serviteurs, il doit le réduire
sur le loyer de leurs capitaux et sur le prix de
leurs services, sur leurs rentes et sur leurs salaires.

A donner d'une main pour retirer de l'autre,
à gratifier aujourd'hui ceux que l'on taxera de-
main, il y a gaucherie et prodigalité : c'est mul-
tiplier sans fruit les peines et les frais de la
perception.

Quant aux chemins de fer, l'application de
cette théorie, pour être moins évidente, n'est
pas moins certaine. Il y a telle nature de travaux ou plutôt de services que l'État ne doit pas
gratuitement au public, parce que le public n'en

profite pas partout au même point ; mais qu'il
lui doit à bon marché, parce que ce genre de bénéfice est le seul qui soit à l'usage de l'État. Tel
est le transport des lettres par quelque voie que
ce soit, et le transport des choses ou des personnes par la voie des canaux ou des chemins
de fer.

Que si l'État n'exécute pas lui-même ces travaux et ces services, s'il en délègue l'exécution
à des compagnies, il doit, avec ses charges leur
déléguer ses droits, c'est-à-dire le péage qu'il
eût été fondé à réclamer des citoyens. Il ne s'en
suit pas de là que le revenu, délégué de la sorte
aux compagnies, soit exempt du prélèvement
fiscal qui est de droit. Mais il faut voir comment s'opérera ce prélèvement. Or, le plus avantageux n'est-il pas que l'impôt soit perçu sous
forme d'une réduction de péage imposée aux
compagnies ? Que l'État recevant l'impôt l'applique à défrayer en partie les transports, ou
bien, que le remettant aux compagnies, il les
oblige à réduire en conséquence le prix des
transports, le résultat n'est-il pas le même pour
le bien public ?

Quelle est la fin de l'impôt ? de se dépenser
au profit de la communauté. Or, cette fin est
atteinte dès que l'impôt n'est remis aux compagnies qu'au profit de la communauté et dans

l'intérêt tout général du bas prix de la locomotion. Dans ce cas, il est vrai, l'État ne reçoit rien, mais il s'acquitte d'une de ses dettes envers la société, en stipulant au profit des classes nécessiteuses le facile usage de ces nouvelles voies, en les admettant au bénéfice de ce progrès de la civilisation et de l'esprit humain.

Telles sont les raisons d'intérêt public et de bonne gestion qui doivent guider l'État dans la taxe à percevoir des rentiers et des compagnies concessionnaires de travaux publics. Si par hasard l'État les avait négligés; si, en débattant un tarif ou un emprunt, il avait oublié les droits du fisc, l'omission serait irréparable, et l'impôt serait à jamais perdu pour lui. Car des raisons encore plus puissantes, des raisons de droit et d'équité lui défendent de l'établir ultérieurement.

Loin de nous l'argument grossier qu'une loi puisse défaire l'œuvre d'une loi. Dans les deux cas que nous venons de spécifier, le gouvernement s'est lié par un contrat. Pour être passé par devant le législateur, pour être dans la forme voulue par la qualité de l'une des parties, ce contrat serait-il moins inviolable? Étrange cité, où le débiteur pourrait se rappeler qu'il est souverain le jour que sa dette lui paraîtrait onéreuse?

Il est admis, je le sais, en droit public et en jurisprudence, que les lois peuvent rétroagir à l'égard des contrats. Cette propriété est reconnue aux lois dites d'*ordre public,* caractère dont le simple énoncé a quelque chose de vague, mais qui est susceptible de détermination.

Telles sont, par exemple, les lois forestières; lois qui s'immiscent hardiment dans le régime des bois privés, et qui, entre autres précautions, fixent l'âge au-dessous duquel une forêt ne peut être livrée au pacage. Ce détail semble médiocre à première vue, et cependant il se lie à l'intérêt le plus élevé du pays, à la défense de l'État, au salut d'une matière première d'où dépendent la création et l'entretien de ses forces navales.

Aussi, le contrat antérieur à ces lois, où le propriétaire d'une forêt aurait toléré ce qu'elles ont défendu depuis, et concédé le droit de pacage dans des conditions prohibées, ce contrat, dis-je, serait annulé juridiquement. Il y a chose maintes fois jugée à cet égard, et bien jugée, puisqu'autrement l'intérêt public, mêlé ici à l'intérêt privé, serait compromis par l'inintelligence ou l'insouciance de ce dernier.

Cette puissance rétroactive des lois forestières, Turgot l'eût volontiers attribuée à l'édit de 1749, qui ne faisait que restreindre pour l'avenir les fondations religieuses ou charitables. Ces contrats où l'individu prétend éterniser sa volonté, lui inspiraient un médiocre respect : à ses yeux, la société, le jour où elle en était blessée, avait tout pouvoir pour les modifier ou pour les anéantir : conséquence naturelle de ses doctrines sur la perfectibilité humaine.

Si le progrès est la loi des sociétés, épargnez, défendez même les liens perpétuels, soit aux hommes, soit aux choses. Point d'obligations à jamais, point d'engagements sans fin. Libres de tout lien, les personnes et les propriétés n'en seront que les instruments plus prompts et plus dociles de cette loi. C'est une opinion fort accréditée de nos jours que le morcellement du sol importe à la prospérité publique, à l'élévation morale et matérielle du plus grand nombre. Or, comment se fût accompli ce progrès, si la société se fût arrêtée avec un aveugle respect devant des contrats où des fondateurs avaient immobilisé aux mains de l'Église une partie du territoire ? Un autre progrès, plus problématique, il est vrai, est celui qui s'obtiendrait en consacrant à des institutions préventives de la misère, une partie de l'avoir des hospices et des hôpitaux, dont quelques-uns, dit-on, sont en possession de thésauriser. Mais le moyen d'entrer dans cette voie, si l'on tient pour inviolables les intentions des fondateurs qui ont doté ces établissements[1]?

Ainsi certaines lois touchent à des intérêts publics ou sociaux d'une gravité, d'une transcendance telle qu'il est donné à ces lois de prévaloir sur tout contrat qui y serait contraire, sur celui-là même qui les aurait précédés.

Cette latitude d'action de l'État, cette puissance rétroactive de la loi, c'est chose juste et salutaire, et nous l'admettons sans hésiter, mais seulement à l'égard des conventions entre particuliers.

Il n'en est plus ainsi alors que l'État figure comme partie dans un contrat. Peu importe que ce contrat lui soit désormais une charge et une entrave, y toucher lui est interdit. Ce ne serait point de sa part exercice de souveraineté, mais abus de la force, mais parjure et violence, là où la bonne foi devrait retrouver

[1] On nous saura gré peut-être de rappeler ici les paroles mêmes de Turgot, celles du moins qui servent de conclusion à l'article de l'Encyclopédie (voyez le mot *Fondation*), où il a consigné ces principes sur cette matière :

« Ces réflexions ne doivent laisser aucun doute sur le droit incontestable qu'ont le gouvernement, d'abord dans l'ordre civil, puis le gouvernement et l'Église, dans l'ordre de la religion, de disposer des fondations anciennes, d'en diriger les fonds à de nouveaux objets, ou mieux encore de les supprimer tout à fait. L'utilité publique est la loi suprême et ne doit être balancée, ni par un respect superstitieux pour ce qu'on appelle l'*intention des fondateurs* (comme si des particuliers ignorants

son type et son asile, si elle était bannie des transactions privées. Point de progrès qui ne soit trop cher à ce prix : point de réforme qui vaille l'ébranlement du crédit public, et la déconsidération des pouvoirs constitués.

N'oublions pas d'ailleurs que pour les rentes sur l'État leur immunité ne résulte pas seulement des principes généraux sur l'inviolabilité des contrats, mais encore d'une série d'actes qui leur ont appliqué ces principes, qui ont proclamé cette franchise. Plusieurs décrets de l'Assemblée constituante l'ont entendu de la sorte, le dernier (du 4 décembre 1790) est notable entre tous par la vivacité et la variété d'opinions qui en signalèrent les débats.

Les uns proposaient une retenue sur les rentes. D'autres demandaient que les rentes fussent comptées comme élément de l'impôt mobilier. Ce dernier avis était celui de Barnave.

et bornés avaient en droit d'enchaîner à leurs volontés capricieuses les générations qui n'étaient point encore), ni par la crainte de blesser les droits prétendus de certains corps, si les corps particuliers avaient quelques droits vis à vis de l'État. Les citoyens ont des droits, et des droits sacrés pour le corps même de la société. Ils existent indépendamment d'elle; ils en sont les éléments nécessaires, et ils n'y entrent que pour se mettre, avec tous leurs droits, sous la protection de ces mêmes lois, qui assurent leurs propriétés et leur liberté. Mais les corps particuliers n'existent point par eux-mêmes,

Il faut, disait-il, imposer, non les rentes, mais
les rentiers. — L'une et l'autre motion répu-
gnait à la majorité, et ce sentiment se fit jour
dans une fougueuse improvisation de Mirabeau.

« Est-il donc besoin de vous rappeler, s'é-
« criait-il, ce que vous a dit le rapporteur,
« qu'une nation souveraine, lorsqu'elle impose,
« n'est que débitrice quand elle paye? et que
« la nation, souveraine lorsqu'elle impose,
« est brigande et voleuse quand elle ne paye
« pas.

« On veut jeter de la défaveur, ajoutait-il, sur
« la proposition de M. Duport, en disant qu'il
« est étrange qu'une aussi grande discussion
« soit écartée par la question préalable. Eh
« bien ! elle est repoussée par trois décrets in-
« vincibles comme la raison, nobles et loyaux
« comme cette assemblée, comme la nation. On
« a prétendu que nous voulions égarer l'Assem-

ni pour eux; ils ont été formés pour la société, et ils doivent
cesser d'exister au moment qu'ils cessent d'être utiles.

« Concluons qu'aucun ouvrage des hommes n'est fait pour
l'immortalité; et puisque les fondations, toujours multipliées
par la vanité, absorberaient à la longue tous les fonds et toutes
les propriétés particulières, il faut bien qu'on puisse à la fin
les détruire. Si tous les hommes qui ont vécu avaient eu un
tombeau, il aurait bien fallu, pour trouver des terres à culti-
ver, renverser ces monuments stériles et remuer les cendres
des morts pour nourrir les vivants. »

4.

« blée par ces mots généraux : foi publique,
« respect pour les engagements, et on a mis en
« parallèle la nécessité ; mais la nécessité est le
« cri de ralliement des brigands. Je ne puis m'em-
« pêcher de témoigner que c'est un grand scan-
« dale pour la nation et pour l'Europe, qu'a-
« près trois décrets proclamés dans la situation
« la plus importante, dans les circonstances les
« plus critiques on ose remettre en question une
« semblable motion, dans un moment où tout
« est calme, où les finances présentent des
« symptômes de prospérité ; dans un moment
« où le crédit renaît, où l'argent baisse, où la
« plus simple industrie d'un ministre des fi-
« nances peut décharger la nation des intérêts
« onéreux qu'elle paye ; c'est en ce moment
« qu'on renouvelle une motion sur laquelle
« votre justice a prononcé ! je la livre à tout le
« mépris qu'elle mérite. »

Il n'est pas indifférent de le remarquer : les
décrets auxquels Mirabeau fait allusion avaient
été rendus sur la proposition de l'évêque d'Au-
tun. Ainsi l'immunité des rentes eut pour pa-
trons les plus vifs promoteurs de la vente des
biens du clergé, lesquels ne seront pas soup-
çonnés apparemment d'une médiocre intelli-
gence des droits de l'État.

Au surplus, la bonne foi a ses profits. A ne

pas imposer les rentes, se trouve l'avantage pour l'État d'emprunter à de meilleures conditions. Or, si la postérité doit contribuer à des œuvres dont elle est assurée de jouir, si dès lors c'est la mission du crédit et non celle de l'impôt, de pourvoir à presque tout le budget des travaux publics, dans cette donnée, tout ce qui facilite et améliore les emprunts de l'État est une véritable ressource, et le moindre intérêt des capitaux empruntés compense richement l'impôt épargné aux rentiers.

Les chemins de fer aussi bien que les rentes doivent demeurer exempts de tout impôt particulier. Car la loi qui les concède à des compagnies n'est autre chose qu'un contrat, et nulle charge ne peut venir s'ajouter sans l'aveu du concessionnaire aux seules obligations qu'il ait acceptées.

Il serait désirable sans doute que les chemins de fer eussent été soumis à une taxe spéciale, sérieuse, et qui fût en rapport avec leurs revenus. Telle n'est pas assurément avec la somme de 229,000 francs que paye le chemin de fer d'Orléans, même en tenant compte de la nature éventuelle et chanceuse du revenu, qui sollicitait quelque faveur [1].

---

[1] Cette particularité existe au même degré pour les entre-

Il serait désirable au moins que le gouvernement se fût réservé le droit, au bout d'un certain laps de temps, de réviser les tarifs, lors même qu'ils ne rendraient pas un bénéfice de 10 pour cent, ou qu'il eût stipulé sa part dans les bénéfices au-delà d'un certain maximum. On cite plus d'une concession aux États-Unis où ces clauses furent consenties par les compagnies [1].

Quoi qu'il en soit, les conditions librement convenues entre l'État et le concessionnaire ne peuvent être aggravées en quoi que ce soit. Ce contrat est aussi respectable que celui des emprunts publics. Aussi, dans un cas comme dans l'autre, nous ne saurions admettre le projet d'un impôt sur le transfert de ces valeurs.

En résumé, si les rentes peuvent être atteintes, c'est uniquement par l'alternative offerte aux rentiers de subir une réduction d'intérêt ou de recevoir le remboursement de leur capital.

prises des messageries, et cependant elles payent à l'État, non seulement l'impôt foncier pour les terrains et bâtiments qu'elles occupent, l'impôt mobilier pour les logements qui en dépendent, l'impôt du dixième sur le prix qu'elles touchent des voyageurs, mais encore un droit fixe et proportionnel de patente à raison de l'industrie qu'elles constituent (voir la loi du 25 avril 1844).

[2] Michel Chevalier. — Lobet.

Peut-être est-il vrai de dire qu'à ceux qui seraient l'objet de cette mesure, une seule chose
a été garantie, consolidée, savoir : leur capital
au pair. En tout cas la réduction perdrait son
odieux, s'il était donné à ces rentiers d'y échapper, en prouvant qu'ils ont subi, soit eux-
mêmes, soit dans la personne de leurs auteurs
directs, la réduction révolutionnaire des deux
tiers d'intérêts.

Quant aux chemins de fer, s'ils peuvent être
soumis à quelque sacrifice envers le public,
c'est uniquement par l'usage vigoureux de ces
pouvoirs de police qui résident, ou plutôt qui
dorment dans la loi constitutive de l'autorité
municipale ; ou par la révision des tarifs, dans
les cas et selon le mode stipulés au cahier des
charges.

Toutes ces limites posées, toutes ces excep-
tions admises, il s'ensuit que parmi les valeurs
mobilières que nous avons énumérées tout à
l'heure comme exemptes d'impôt, il y en a trois
qui le sont à bon droit, et qui doivent garder
leur immunité : rentes, traitements, actions de
chemins de fer. L'État a dû les taxer en leur accordant un intérêt, une rémunération, un tarif
moins élevé. S'il ne l'a pas fait alors à l'égard
de deux d'entre elles, il s'est interdit de le faire
ultérieurement.

Telle est l'application du principe en vertu duquel tout revenu qui procède de l'État, ne doit rien à l'État par voie de contribution spéciale.

Un second principe qu'il faut bien reconnaître en inspectant la source de ces valeurs, c'est que l'impôt doit distinguer et ménager celles où le revenu offre un mélange de capital, distinction qui s'applique aux honoraires des professions libérales. Ces honoraires se composent d'un double élément qui est le prix des services rendus et le remboursement du capital consacré à l'acquisition des connaissances et de l'aptitude sans lesquelles ce service n'aurait pu être rendu. On sait le mot d'un célèbre peintre : *Il y a vingt ans que je travaille à votre cheval* (le cheval venait d'être exécuté en quelques heures sous les yeux de l'amateur qui trouvait peu de proportion entre la peine prise et le salaire demandé).

L'artiste résumait là, sans le savoir, une des théories les plus justes et les plus profondes d'Ad. Smith, laquelle s'applique d'une manière générale aux revenus de toutes les professions libérales, et revendique en leur faveur une assiette de l'impôt où il soit tenu compte du capital dépensé en noviciat, en études, en apprentissage, en sacrifices faits au public et remboursés partiellement dans la rémunération de leurs services [1].

Dans les débats que suscita l'income-tax, une proposition fut faite en faveur des revenus professionnels. Sans contester les raisons dont elle s'appuyait, Robert Peel fit valoir le plus décisif des arguments : la nécessité.

« Il s'agit de combler un déficit, s'écria-t-il;
« or, comment y réussir? sera-ce avec l'impôt
« de douane? mais il est à sa dernière limite,
« et ses produits sont en baisse; avec l'impôt
« sur les chevaux, les voitures, les cartes, les
« domestiques? mais indiquez-moi le moyen
« d'épargner dans l'assiette de cet impôt les re-
« venus professionnels. S'il est une classe de
« revenus qui doit être soumise à l'income-tax,
« c'est justement celle qu'on veut exempter;
« car c'est elle qui en fournira la plus grande
« partie. Les autres revenus pourront émigrer

---

[1] Les professions libérales constituent une loterie, dans laquelle ceux qui gagnent doivent gagner ce que perdent tous les autres. Si la société ne rembourse pas aux gagnants tout le capital dépensé par les perdants, et qui doit l'être pour extraire de la société de bons légistes, de bons médecins, de bons artistes, la société sera mal servie pour avoir été peu encourageante; — telle est l'extrême conclusion d'Ad. Smith, laquelle semblera peut-être paradoxale et forcée. (Voir tome 1ᵉʳ, chap. X, *Des salaires et profits*, pages 139 et 141, édition Guillaumin).

« et se dépenser à Paris ou à Milan, mais les
« revenus professionnels sont attachés au pays
« où ils se gagnent et ne peuvent prendre la
« fuite devant l'impôt [1]. »

L'émigration des capitaux, telle est la terreur
qui revient à chaque pas dans les discussions
financières de nos voisins. Nous n'avons pas à
compter encore avec cette appréhension, et rien
ne nous empêche d'appliquer, selon ses mé-
rites, le principe que l'on invoquait tout à
l'heure.

Après avoir reconnu les exemptions et les at-
ténuations d'impôts qui doivent être accordées
aux valeurs mobilières, nous retrouvons encore
parmi ces valeurs, comme matières imposables,
les catégories suivantes :

Créances hypothécaires ;

Offices ministériels ;

Professions libérales ;

Dividendes des sociétés autres que pour chemins de fer ;

Revenu des mines.

Ici se présente la seconde question que nous

[1] Voir le discours de Robert Peel dans la séance du 28 mars
1842.

avons posée plus haut : une fois l'impôt décidé, comment sera-t-il assis et recouvré ?

C'est le moment de jeter un coup d'œil sur les procédés dont dispose le fisc pour extraire la fortune publique des fortunes individuelles.

Il en est de plus d'une sorte. Il y a des impôts généraux, des impôts de droit commun qui atteignent tout individu et qui prétendent l'atteindre en proportion de son revenu. Tel est l'impôt mobilier fondé sur la base du loyer. Tels sont les impôts de consommation fondés sur celle de la dépense. Il est en outre des impôts particuliers sur le sol et sur l'industrie.

On démêle tout d'abord le vice choquant de ce régime où certaines classes de contribuables déjà taxés pour tout leur revenu, le sont en outre à raison des instruments de production d'où ils tirent ce revenu.

Dans la pratique cette rigueur est adoucie par l'extrême mansuétude de l'impôt mobilier. Or, il résulte bien de là que propriétaires et industriels ne sont pas outrageusement surchargés ; mais comme cette légèreté de l'impôt mobilier est une mesure générale, elle offre, à côté de cet avantage, un insigne inconvénient qui est de ménager outre mesure toute valeur non foncière ni industrielle.

Dans cet état, le problème à résoudre est de

peser sur certaines classes de contribuables
ultra ménagés, sans aggraver d'un fétu la charge
des autres.

A ce problème, il y a deux solutions :

L'une est d'élever l'impôt mobilier, et d'arri-
ver, par la conjecture du loyer, à une taxe sérieuse sur les revenus, mais en accordant une
défalcation proportionnelle à tout revenu d'une
origine, soit foncière, soit industrielle, et déjà
frappé à ce titre d'un impôt spécial. Tel fut le
mécanisme de la contribution mobilière fondée
par l'Assemblée constituante [1].

L'autre est de laisser intacte, dans l'impôt mobilier, sa base actuelle du loyer, mais d'ajouter
d'autres éléments à cet impôt, ceux, par exemple,
des créances hypothécaires, des professions libérales,

---

[1] La loi du 13 janvier 1791 taxe au 20ᵉ de leur montant
les revenus d'industrie et de richesse mobilière.

Elle estime ces revenus d'après la donnée du *loyer d'habitation*, et elle apprécie la proportion du loyer au revenu
d'après une échelle où cette proportion est d'autant plus forte
que le loyer est moindre.

L'article 19 de cette loi est ainsi conçu :

A l'égard de tous les contribuables qui justifieront être
imposés aux rôles de la contribution foncière, il leur sera
fait, dans le règlement de la taxe mobilière, une déduction
proportionnelle à leur revenu foncier.

Cet article donne lieu au commentaire suivant dans le cours
de l'*instruction* qui accompagne la loi :

« L'article 19 présente une disposition devenue nécessaire

des offices ministériels, des associations anonymes
ou commanditaires.

Nous préférons cette dernière solution, d'abord parce qu'elle épargne les classes des citoyens qui doivent échapper au fisc, si le fisc veut faire honneur aux engagements de l'État. Reprendre aux rentiers et aux concessionnaires de travaux publics, par une rouerie de bureau, par un expédient de procureur, ce que l'impôt n'était pas en droit de leur demander tout haut et directement, c'est quelque chose d'inqualifiable qui ne peut convenir aux finances d'un grand peuple; — ensuite, parce qu'elle a le mérite de sauver les calculs assez épineux qui

« dès que la base d'évaluation des revenus, *le loyer d'habi-*
« *tation*, ne pouvait pas distinguer les revenus fonciers
« d'avec les revenus mobiliers, mais confondant les uns et
« les autres.

« Il est en effet sensible que de deux citoyens qui ont cha-
« cun un loyer de 2,000 livres, et dont, par conséquent, le re-
« venu présumé est égal et de 12,000 livres, l'un peut avoir
« son revenu en biens-fonds, et des 12,000 livres, il n'a que ce
« qui lui reste après avoir acquitté la contribution foncière;
« l'autre peut avoir son revenu de 12,000 livres en capitaux
« placés dans le commerce ou sur l'État, et qui n'auront
« encore payé aucune contribution. Or, s'il est juste d'at-
« teindre ceux-ci par la cote de contribution mobilière, il
« serait injuste de faire payer à ceux-là une nouvelle contri-
« bution, puisqu'ils en ont déjà payé une très forte.

« La déduction ordonnée au profit de celui qui justifiera

seraient nécessaires pour établir les déductions
voulues sur l'impôt mobilier, à raison de l'impôt déjà payé pour le sol et pour l'industrie.
M. d'Audiffret nous apprend que, dès le principe, ces complications frappèrent d'impuissance le régime adopté par l'Assemblée constituante.

Le respect de la foi publique, les avantages
de la machine montée, voilà ce qui recommande
à nos yeux cette seconde combinaison.

Ici toutefois décréter et asseoir l'impôt n'est
pas le plus difficile, il s'agit, avant tout, d'en
atteindre l'objet. La richesse mobilière passe
pour insaisissable, — réputation qui date du
moyen âge et de ses entreprises contre les capi-

« que tout ou partie de ses revenus sont le produit de pro-
« priétés foncières est donc de toute justice.

« Quant au mode à adopter pour cette déduction, il a été
« nécessaire de prendre des mesures provisoires, jusqu'à la
« nouvelle répartition de la contribution foncière. »

Voilà pour les défalcations accordées au revenu de provenance territoriale. Il n'en était pas autrement pour ceux de
l'industrie qui avaient déjà payé la patente. On sait que, sous
le régime de la loi du 2 mars 1791, la patente était uniquement proportionnelle au loyer de l'habitation des boutiques,
magasins et ateliers. Or, il résulte de l'article 24 de cette loi
que tout patenté, en produisant sa licence, pouvait obtenir,
sans sa contribution mobilière, la déduction de ce qu'il
payait comme patenté à raison de ses ateliers, chantiers,
boutiques et magasins.

taux juifs, — ou pour émigrer devant l'étreinte qui la saisirait : appréhension empruntée à l'Angleterre.

Ces alarmes ne sont, ni de notre temps, ni de notre pays. Les créances hypothécaires, les offices ministériels, les professions libérales, les associés de l'industrie, les exploitants de mines, tout cela constitue des valeurs ou des qualités publiques, patentes, et qui sont au soleil non moins que les hectares tributaires de l'impôt foncier. On sait ce qu'elles sont, et l'on sait où les prendre.

Les créances hypothécaires n'existent que par l'inscription sur un registre public. Affaire de correspondance, que de constater et de taxer cette matière; il suffit, à cet effet, que le receveur de l'enregistrement donne avis de toute créance inscrite au percepteur des contributions. Recouvrer la taxe ne semblera pas plus difficile que de l'asseoir, si l'on se rappelle que toute inscription hypothécaire indique le domicile du créancier; si le débiteur est constitué garant du payement de l'impôt, par analogie de ce qui se passe entre propriétaire et locataire; enfin si la créance est le gage du fisc, avec les conséquences d'expropriation et de vente au profit du Trésor, qui sont de droit commun, partout où il y a défaillance de l'impôt.

Mais, dites-vous, les capitaux se déroberont ainsi traqués dans un de leurs placements favoris. Je veux bien qu'ils en aient la pensée, mais le moyen d'en venir là? Passer à l'étranger! cela leur est défendu, et par la moindre entente de leur intérêt, et par toutes les résistances de la fibre nationale. Qu'on me montre un pays au monde où, avec les mêmes conditions de sécurité, ils trouveront, soit un loyer, soit un placement quelconque aussi avantageux qu'en France.

Sans doute il y a des peuples, il y a des époques qui pratiquent ou qui comportent volontiers l'émigration. C'est le fait, en général, des peuples du Nord, qui ne justifient guère le *nisi patria sit* du peintre de la Germanie. C'est le caractère des époques où la civilisation semble se niveler en tout pays. Mais, qualité ou défaut, cela ne fut jamais dans le tempérament français; il y parut dès le principe à l'infériorité de notre expansion coloniale; et de nos jours encore, la France est peut-être le seul pays où le bannissement ait gardé l'intimidation d'une peine, je dirais presque, la terreur d'un supplice; — le sentiment qui respire dans les *Tristes* d'Ovide, se retrouve après tant de siècles dans quelques paroles autrement poétiques de Danton, dans les célèbres lamentations de l'auteur de *Corinne*, et dans

les souvenirs amers de nos émigrés et de nos
réfugiés politiques. Il serait bien superflu d'in-
sister : ce n'est pas dans un pays ainsi fait que
les personnes ou les valeurs émigreraient devant
une taxe nouvelle. Permis aux Anglais d'errer
par le monde, en quête d'un climat plus doux,
d'une société moins dédaigneuse, d'un impôt
plus clément; ces mœurs de nos voisins ne seront jamais à notre usage, et cette considération
qui tient leurs finances en échec, et qui est, pour
ainsi dire, le lieu commun de toutes leurs con-
troverses économiques, ne sera jamais chez nous
qu'un paradoxe et une chimère.

Que si les capitaux se dérobaient non par
l'émigration, mais par la dénaturation, c'est-
à-dire par un mouvement de préférence pour
les fonds publics où se trouve l'immunité, loin
d'y voir inconvénient, nous y applaudirions
comme au résultat le plus désirable. N'est-ce
pas enrichir l'État que de lui demander moins
d'intérêt pour les capitaux qu'on lui prête? Or,
cette baisse d'intérêt serait infailliblement déterminée par l'affluence des capitaux vers la
rente. L'État gagnerait plus par les conditions
de ses emprunts qu'il n'eût gagné par le produit de la taxe éludée, et cette évolution de la
matière imposable lui serait plus avantageuse
que n'eût été sa persistance.

Ainsi nul embarras, nul inconvénient dans l'assiette d'un impôt sur les créances hypothécaires.

Il n'y en aurait pas davantage à mettre sur les offices ministériels un impôt annuel, à raison de leurs revenus présumés, et à porter plus haut leur impôt de mutations. La valeur de ces offices, les mutations qu'ils éprouvent, sont des faits de notoriété officielle. Quant à leurs revenus, ils pourraient être estimés à dix pour cent du prix d'achat; estimation qui, entre les parties contractantes, est ordinairement la base de ce prix.

Pour ce qui est des professions libérales, lesquelles s'exercent au grand jour, quelques-unes même en vertu de grades publiquement conférés, rien de plus facile que de recenser leur personnel. Quelques doutes pourraient naître sur le meilleur mode d'imposition. A cet égard, nous serions d'avis d'exclure la patente, non que ces professions n'aient un côté mercantile, mais il serait peut-être d'une meilleure politique, à condition que le Trésor n'y perdît rien, de ne pas les traiter d'*industries*, et de respecter ou d'encourager par là les sentiments d'un ordre plus élevé qui peuvent se mêler à leur exercice [1]. Les intérêts du

[1] Neminem se contempturum ubi contemni desisset. — Tite-Live, *Querela Tribunorum plebis*.

Trésor seraient saufs, moyennant des centimes
ajoutés en quantité convenable au loyer de toute
personne exerçant l'une de ces professions.

Les associés commanditaires ou anonymes
sont révélés, soit par le Bulletin des lois, soit
par les registres des tribunaux de commerce où
sont transcrits les actes de société. Il n'y aurait rien d'insolite à ce que ces registres fussent
visités par les agents des contributions directes,
de même que les répertoires et les minutes
des notaires sont contrôlés par le vérificateur
de l'enregistrement. Chacun de ces associés,
en exceptant toujours les associés pour chemins
de fer, pourrait être soumis à un impôt calculé
sur le revenu probable de son apport, et qui
serait perçu, à sa décharge, des mains du gérant et au siége de la société.

Pour ce qui est des concessionnaires des
mines, les bases de leur contribution sont toutes
trouvées, il ne s'agit plus que de les élargir et
de les élever.

Ces aperçus seraient incomplets si nous omettions de rappeler qu'à côté des capitalistes si
manifestement ménagés, la classe des propriétaires est loin de porter tout l'impôt dont elle
est capable. D'où il nous semble permis de tirer
ces conséquences : que ceux-ci pourraient être
soumis à un impôt sur les fermages, et les uns et

les autres, tant à un accroissement d'impôt sur les successions collatérales qu'à l'établissement d'un impôt nouveau sur les objets de luxe.

Ainsi nous avons démêlé parmi les valeurs mobilières celles qui, exemptes d'impôt, doivent y être désormais soumises, et celles qui, ménagées par le fisc, comportent pour l'avenir une taxe plus sérieuse.

Nous avons reconnu les moyens qui s'offraient à nous, soit pour atteindre, soit pour taxer ces valeurs.

Ces deux questions résolues, reste celle que nous avons posée en dernier lieu, à savoir : si ces taxes seront d'importance à compenser le retranchement de certaines taxes indirectes, et à couvrir le déficit de cette opération.

Notre premier pas vers une solution sera naturellement de reconnaître, parmi les *impôts indirects*, ceux qu'il convient de supprimer, appelant ainsi, sans nous arrêter aux classifications du budget, tout impôt levé sur la consommation, quel qu'en soit l'objet fiscal, somptuaire, protecteur, et quel qu'en soit le bénéficiaire, État ou communes.

Ici tout n'est pas à répudier. Il y a certains

impôts indirects qui veulent être maintenus.

Tels sont par exemple ceux qui pèsent sur des consommations voluptuaires et dès lors purement facultatives : sucre, café, tissus précieux, tabac, et même certaines sortes de boissons. La réforme qu'il faut ici, c'est l'extension de ces droits ; établis sur les chiens, les chevaux, les voitures, les domestiques, ils rapportent en Angleterre près de 40 millions. S'il n'est pas permis chez nous d'en espérer un tel produit, il l'est encore moins de dédaigner une ressource, qui, toute proportion gardée, demeurerait encore importante et précieuse [1].

Tels sont encore dans une certaine mesure les droits qui ont pour objet la protection de l'industrie nationale. Mais à ce propos quelques

[1] Ce qui s'appelle en Angleterre *assessed taxes* est un ensemble de droits qui portent non seulement sur les objets mentionnés plus haut, mais encore sur les cartes, la poudre à coiffer, les armoiries, les marchands de chevaux et les fenêtres. Ces droits s'élèvent à plus de 80 millions (3,225,949 livres sterling), dont la moitié environ provient de la taxe sur les fenêtres.

(Voir le livre de Mac Culloc ou *Taxation*, pages 264 et 265). L'honorable M. Demesmay, dans son excellente brochure sur l'impôt du sel, n'évalue le produit de ces taxes qu'à 26 millions ; mais les calculs remontent à 1822, tandis que le livre de Mac Culloc, d'où l'on a extrait les renseignements ci-dessus, est postérieur de vingt années à cette époque, et constate sans doute le dernier état des choses.

explications sont nécessaires. On n'admet pas indistinctement comme judicieux et bien avisés tous les droits perçus par la douane, on ne les tient pour tels que dans la mesure du service qu'ils rendent à l'intérêt du plus grand nombre, c'est-à-dire des classes inférieures, et ce service on le calcule d'après un double élément: 1° le nombre de bras employés par l'industrie protégée; 2° le caractère plus ou moins nécessaire des produits de cette industrie.

Que si dans certaines grandes villes, et même dans certains départements, une industrie emploie des populations tout entières, et si en même temps elle a des produits qui ne peuvent figurer parmi les choses de première nécessité, abolir les droits protecteurs de cette industrie, serait le plus malencontreux des calculs. A beaucoup ce serait ôter le pain pour favoriser ailleurs un surcroît de jouissances toutes secondaires. Partant nous serions d'avis de maintenir l'impôt indirect sur les tissus de coton. — Que si, au contraire, certaines denrées sont d'une consommation salutaire et bienfaisante entre toutes, tandis que leur production emploie peu de bras et ne détermine qu'une faible demande de travail, là, selon nous, l'impôt protecteur est à supprimer ou à modifier, et ce principe nous l'appliquerions tout d'abord aux droits sur le bétail étranger. Les travailleurs indigènes y gagneraient le bon marché du plus vital, du plus énergique des aliments, et ils y perdraient peu d'emploi ; car, qu'est-ce que l'élève du bétail, sinon sa nourriture que la terre lui donne avec beaucoup moins de façons que tout autre produit. Au surplus, à quoi bon les détails et les preuves ? C'est chose élémentaire que l'économie de bras inhérente à l'élève du bétail : c'est ce qui distingue parmi toutes cette branche de l'industrie agricole. On sait les célèbres spéculations qui, de l'autre côté de la Manche, convertirent tant de fermes en pâturages, et qui n'avaient pas d'autre but que l'exploitation de cette donnée [1].

Les mêmes réflexions s'appliqueraient au fer. Ce métal ne peut être d'un prix élevé, sans un grave préjudice causé aux classes inférieures, et qu'elles ressentent dans tous les détails de leur existence ouvrière ou domestique, construction, meubles, outillage, culture. Un économiste a calculé que les droits sur le fer infligeaient à l'agriculteur, à raison seulement de la réparation des charrues, une perte annuelle de 14 millions [2]. Que n'a-t-il calculé aussi celle qui résulte

---

[1] Voir les études sur les *Sciences sociales*, de M. de Sismondi, et, entre autres, l'essai intitulé *De l'expulsion des cultivateurs de race gaélique en Écosse*.

[2] Note de Garnier sur le livre IV, chap. 7, d'Ad. Smith.

du ferrage des chevaux, c'est-à-dire d'un fait où la matière est presque tout, et la façon peu de chose. Que n'y a-t-il ajouté le dommage éprouvé par le journalier qui loue, non seulement son travail, mais ses outils, avec toutes les chances d'usure et les charges de réparation qui s'ensuivent? Si l'on observe que cette industrie, dont les produits ont une utilité si capitale, emploie seulement 49,000 ouvriers, tandis que celle du coton en occupe plus de 600,000 au compte de M. Villermé [1]; si l'on ajoute, pour les premiers, que la nature énergique de leurs travaux les prédispose à s'employer dans beaucoup d'autres industries, et que toutes celles qui traitent le fer prendraient un développement parallèle au bon marché de leur matière première, comment hésiter à modifier les droits sur cet objet, modification dont le bienfait serait si profond, si général, tandis que les inconvénients n'en seraient pas intolérables et désastreux, comme il appartient souvent à ce genre de mesures?

On ne suivra pas cette distinction partout où

---

[1] *Compte-rendu des travaux des ingénieurs des mines pendant l'année 1845*, page 239. — *Tableau de l'état moral et physique des ouvriers*, par M. Villermé. — Ces ouvriers se répartissent ainsi : à Mulhouse, 100,000 ; — à Sainte-Marie-aux-Mines, 20,000 ;— dans le département du Nord, 224,000 ; — à Saint-Quentin, 116,000 ; — dans la Seine-Inférieure, 107,000 ; — à Tarou, 50,000.

elle mène. Ces exemples et ces réflexions suffisent pour marquer les limites où l'impôt indirect, quand il fait office de protecteur de l'industrie nationale, pourrait être atteint et remanié. La réforme anglaise, avec tout son retentissement, n'a eu garde de les franchir. En modérant les droits sur les céréales étrangères, elle n'a fait que réduire le prix d'un objet de première nécessité, sans réduire les sources du travail et le fond des salaires, puisqu'en ce pays, travail et salaire sont d'essence industrielle. Du reste, les Anglais ont gardé le régime protecteur, si ce n'est dans tout son appareil, au moins dans tous ses profits. Leur système colonial est demeuré intact. Les droits, par exemple, ont été réduits sur les bois de la Baltique; mais ils l'ont été dans une proportion beaucoup plus forte sur les bois du Canada : de telle sorte que la différence des deux impôts s'est accrue au grand avantage du producteur national [1]. On fait grand bruit des 579 articles du tarif anglais, qui viennent d'être

---

[1] Le tarif de 1842 a réduit les droits sur les bois de la Baltique de 55 schellings à 24, et les droits sur les bois du Canada de 10 schellings à 1. (Mac Culloc, *An Taxation*, p. 219.)

« Quelques pages plus haut, le même écrivain estimait qu'il avait été sage d'imposer un droit modéré comme a fait le tarif de 1842 sur l'exportation de notre charbon qui pourrait favoriser les manufactures étrangères. » (*Ibidem*, p. 199.)

affranchis de tout droit [1]; mais chez nous, où le tarif en a 300 environ, son produit est uniquement celui de 25 ou 30 articles. Si tout le reste était réformé, pourrait-on en conclure que nous avons sérieusement la liberté des échanges, et que le commerce est allégé dans ses charges les plus pesantes? Ainsi, rien en Angleterre et dans sa réforme, qui ressemble au principe de libre échange fondé sur la diversité des produits et la fraternité des sentiments. Il n'est pas sans exemple que la concurrence étrangère y soit tolérée, que les produits du dehors y soient admis; mais c'est uniquement en raison composée du service qu'ils rendent à la consommation des masses et du tort qu'ils ne font pas à la production où elles s'emploient.

Enfin il y a tel impôt indirect qui ne doit être que réduit, — soit parce qu'il protége des industries destinées un jour à se passer de protection, mais qui ont droit à des transitions adoucies, — soit parce qu'il représente jusqu'à un certain point le prix de services rendus par l'État, et qui ne sauraient l'être gratuitement : telle est entre autres la taxe des lettres. N'ou-

[1] Voir le discours de sir James Graham, ministre de l'intérieur, du 25 mai 1842. — Voir le discours de M. Blanqui, pages 26 et 27 : *Compte-rendu de la première séance de l'Association pour la liberté des échanges.*

blions pas qu'ici la réduction de l'impôt ne serait pour rien dans le déficit dont nous aurons
à nous occuper tout à l'heure : le dégrèvement
de certains objets en stimulerait la consommation, et des droits plus faibles, mais plus souvent acquittés, laisseraient intactes les ressources du Trésor.

Voilà les impôts indirects qui méritent faveur
ou tolérance : il en est d'autres qui ne sont bons
qu'à supprimer radicalement, comme furent
supprimés les jeux et la loterie. Il s'agit de
l'octroi et du sel.

Tout a été dit sur l'odieux de ces impôts, sur
cette réminiscence des plus mauvais temps, sur
cette queue des plus mauvaises pratiques, où
revivent les aides, les gabelles, les douanes in-
testines. Il n'y a qu'une voix aujourd'hui pour
en purger nos finances. C'est le vœu le plus
unanime, le plus persistant de tous les partis,
de toute la presse, de tous les corps constitués.
C'est l'exemple qui nous vient du dehors, c'est
l'avis enfin des spécialités les plus circonspectes,
des autorités les plus officielles. L'Angleterre,
affranchie depuis 1827 de l'impôt sur le sel, n'a
jamais connu les octrois. En France, M. d'Audiffret nous l'apprend, il y a plus de 20 ans
que les financiers les moins aventureux, les
moins épris de réformes, se sont prononcés

pour l'abolition de l'octroi et le remaniement général de l'impôt sur les boissons [1]. Signes certains d'un abus qui a fourni sa carrière, d'une société à bout de patience, d'une réforme qui est au point voulu d'élaboration et de maturité. Aussi, d'échec en échec, le sel et l'octroi sont-ils tombés dans ce dernier retranchement où le fisc sait quelquefois éterniser sa défense : la nécessité. C'est là que nous les trouvons aujourd'hui, c'est sous ce point de vue qu'il s'agit de les apprécier.

Est-il vrai que ces deux impôts abolis laisseraient dans nos finances un vide irréparable ? Nous avons fait pressentir déjà, en constatant les forces contributives du sol et des capitaux, que ces deux éléments du revenu public pourraient aisément porter un surcroît de contributions. Il nous reste à chercher si ce surcroît suffirait à couvrir le déficit inhérent à la réforme que l'on sollicite, et qui est de 149 millions [2].

---

[1] *Système financier de la France*, tome II, pag. 189.

[2] 78 millions pour l'octroi, 71 pour l'impôt du sel (Budget des recettes de 1847, page 200). Il ne faudrait pas évaluer le produit total de l'octroi d'après le dixième qui en figure au budget de l'État, et qui est de 6 millions seulement. Car ce dixième ne se prélève que sur le produit net de l'octroi, déduction faite 1° des frais de perception ; 2° de la part de contribution mobilière payée par l'octroi (art. 153, loi du 28 avril 1816) ; 3° du produit des centimes ajoutés au tarif de l'octroi,

Or, nous avons vu que les créances hypothécaires s'élevaient à 13 milliards. Sur le revenu de 700 millions que ce chiffre suppose, on pourrait prélever un impôt de trois pour cent, c'est-à-dire 21 millions.

Nous avons reconnu que les rentes étaient franches d'impôt, mais qu'elles étaient passibles d'une alternative du remboursement du capital ou de réduction d'intérêt. La ressource à réaliser par cette voie serait de 12 millions.

Le sol qui n'est pas surtaxé, quoi qu'on en dise, pourrait supporter un surcroît d'impôt, et ce surcroît devrait être établi de façon à respecter la propriété du pauvre et le travail du riche. On entend parler d'un impôt sur les fermages.

« Les loyers du sol, dit Adam Smith, et les « fermages ordinaires des terres sont une es« pèce de revenu dont le propriétaire jouit le « plus souvent sans avoir ni soins, ni attention « à donner, et celle qui est le mieux dans le cas

---

soit pour le service des dettes municipales, soit pour les dépenses d'établissements d'utilité publique (art. 16 de la loi du 17 août 1822).

Aussi voit-on dans le budget de la ville de Paris que le produit net de l'octroi sujet au prélèvement du dixième est de 17 millions seulement, tandis que le produit brut est de 30 millions (Budget de la ville de Paris, pages 2 et 30).

« de supporter l'assujettissement à un impôt qui
« lui soit particulier[1]. »

Un autre écrivain du même pays, de la même
école et d'un talent comme d'une gravité incon-
testables, professe à ce sujet des opinions encore plus hardies. C'est chose démontrée pour
lui que la hausse progressive de la rente territoriale et le renouvellement des baux toujours à
l'avantage du propriétaire, sans qu'il en coûte à
celui-ci ni soins, ni dépense, ni habileté; d'où
cet écrivain conclut que le fisc pourrait à bon
droit faire main basse sur toute augmentation
de la rente foncière postérieure à l'acquisition
d'un fonds[2]. — Doctrine fort spécieuse, mais
dont l'application aurait ses difficultés. Con-
tentons-nous de demander un impôt de trois
pour cent sur les fermages, tels qu'ils sont révélés par les baux, et sur les métayages, tels
qu'ils semblent résulter du revenu servant de
base à l'impôt. Si l'on suppose que le produit
net du sol français pour moitié, savoir 800 millions, est obtenu par ces deux modes d'exploitation, la taxe dont il s'agit rendrait 24 millions.

L'impôt sur le luxe, qui en Angleterre produit 40 millions, ainsi qu'on l'a établi plus
haut, en rendrait peut-être 15 chez nous.

[1] *Richesse des nations*, t. II, p. 527, de l'édition Guillaumin.
[2] Mill, *Eléments d'Economie politique*, pag. 268 et 269.

Les frais de perception, qui se trouvent épargnés dans l'hypothèse où l'on supprime les impôts du sel et de l'octroi, doivent figurer ici. Ces frais pour l'octroi montent à 10 millions et à 9 pour le sel [1].

Il y a, dit-on, un capital de 800 millions engagés dans les offices ministériels, et tous les ans il se transmet environ un de ces offices sur douze. Mettre deux pour cent d'impôt sur un revenu présumé de 80 millions, et cinq pour cent sur la transmission en place de deux pour cent qu'ils payent aujourd'hui, c'est encore tenir compte du capital dont ces revenus sont mêlés, et qui a droit aux ménagements du fisc.—Ainsi réglé, cet impôt rendrait environ 3 millions.

En ajoutant cinquante pour cent à la réduction mobilière des professions libéra'es , on pourrait en tirer un subside, qu'il est difficile d'établir au juste, mais qui pourrait, selon toute apparence, s'élever au moins à 5 millions.

---

[1] Les frais de perception pour l'octroi s'élèvent à 12 pour cent. (Voir un curieux travail de M. Barillon, intitulé : *Suppression des octrois*, pag. 24).

Quant aux frais de perception de l'impôt sur le sel, ils s'élèvent à une somme de 9 millions, résultat que l'on obtient en comparant l'impôt sur le sel à l'impôt total des douanes et des contributions indirectes, et en assignant à cet impôt une proportion dans les frais, analogue à celle qu'il représente dans ce total.

Le sol et les capitaux pourraient porter concurremment un impôt plus élevé sur les successions collatérales. En élevant d'un tiers le tarif des droits qu'elles payent, et qui rend aujourd'hui 16 millions, on obtiendrait environ 5 millions de plus.

Les mines, avec un produit de 56 millions, tel que le constatent les ingénieurs, payent un impôt de 350,000 fr. N'est-il pas injuste qu'aux termes de la loi cet impôt ne puisse excéder cinq pour cent du produit net, quand il est constant que sur son produit net la terre paye au fisc une moyenne de quatorze pour cent? La convenance, l'opportunité d'élever cet impôt n'est-elle pas plus impérieuse aujourd'hui que l'industrie des mines prend les proportions d'un monopole [1]?

Quant à l'impôt sur les sociétés autres que pour chemins de fer, et sur le transport de leurs actions, il est impossible de l'évaluer, même par à peu près. Il ne peut figurer ici que pour mémoire.

L'impôt payé par les villes, sous forme d'octroi, et qui compose en général leur revenu le plus clair, pourrait être remplacé, moitié par

[1] Voir, sur le produit des mines de houille, de minerai, bitume, alun, etc., le *Compte-rendu des travaux des ingénieurs des mines pendant l'année 1845*, page 229.

des centimes additionnels aux contributions directes, moitié au moyen d'une subvention de l'État.— 31 millions à ajouter aux recettes qu'on vient d'énumérer.

C'est l'avis de quelques publicistes que toute dépense des localités devrait être à la charge de l'État par la même raison que certaines classes d'individus ne contribuent pas plus que les autres à certaines dépenses dont l'avantage est tout entier pour elles. Il est vrai, disent-ils, que les villes sont spécialement intéressées à tout ce qui peut en améliorer, en décorer le séjour : mais demande-t-on aux industries protégées de supporter seules ce que coûte cette protection en frais de douane ? Est-ce Paris, où se dépense la liste civile, qui est seul à la payer ? Sont-ce les entreprises de transport qui sont chargées des voies de communication à établir ou à entretenir ? Dans ces divers cas, la dépense, pour être essentiellement profitable à quelques-uns, n'en est pas moins à la charge de tous.

Nous ne saurions souscrire à cette exagération de doctrine.

Que l'État supporte une partie des dépenses locales, rien de plus naturel dans un état des mœurs où ces dépenses ne profitent pas seulement aux habitants de la localité, dans ce progrès imprimé de nos jours à l'activité des communications, au déplacement des personnes, à l'accroissement de la population flottante. Mais en même temps, c'est justice que les localités contribuent pour leur part à des améliorations, à des embellissements dont elles tirent une utilité spéciale et permanente.

Nous n'aurions, d'ailleurs, aucun scrupule à rendre ou à laisser l'habitation des villes plus onéreuse que celle des campagnes. C'est attirer aux champs les bras, les capitaux, la vie qui leur manquent. C'est y appeler l'industrie manufacturière sujette à fermentation dans les villes, comme tout ce qui est aggloméré, et à corruption comme tout ce qui a fermenté : c'est favoriser enfin la plus désirable des combinaisons, celle qui mêle aux occupations et aux salaires de la fabrique, la propriété, le travail, le produit agricole, et qui porte en soi un palliatif pour les chômages, un viatique pour les crises. Il est vrai que les classes supérieures de la population urbaine semblent menacées d'une assez lourde surcharge, là où l'impôt direct et proportionnel viendrait remplacer les capitations de l'octroi. Mais de quoi se plaindraient-elles ? C'est leur bien-être communal qu'elles payent de la sorte : ajoutons qu'elles le payent selon les maximes fondamentales qui veulent l'égalité, la proportionnalité de l'impôt, et avec l'indemnité inhérente au bon marché des consommations affranchies.

Là nouveauté, j'en conviens, semblera violente à beaucoup de communes qui sont en possession d'acquitter avec le produit de leur octroi tout ou partie de leur impôt mobilier, mais ce qu'il y a ici d'outré et d'inqualifiable, c'est la loi qui consacre une telle faculté[1]. C'est qu'il soit permis aux négociants de Lyon de s'exonérer d'une partie de leurs contributions en ajoutant quelque chose au tarif de l'octroi municipal, c'est-à-dire en élevant le prix de toutes les consommations et en grévant leurs ouvriers d'un surcroît de dépenses. Au surplus, l'inverse n'est pas sans exemple. Une loi spéciale de 1830, en cela conforme à la loi de finance de 1816, autorisait les communes à reporter sur leur contribution directe le montant des droits sur les boissons[2].

Ainsi, il n'y a pas précisément exclusion contre les idées de justice et de bien public. Dans cette instabilité de nos lois, elles ont leur chance de faveur, leurs jours de relief, et de loin en loin on les rencontre à l'état d'échantillon. Il ne

---

[1] Voir l'art. 20 de la loi du 22 avril 1832.

[2] Voir l'art. 73 de la loi du 28 avril 1816, et l'art. 4 de la loi du 12 décembre 1830.

s'agit que d'une chose : faire de l'exception la règle.

On a proposé, nous le savons, de remplacer le produit de l'octroi par un impôt mis sur les loyers seulement et non pas par une addition au principal de toutes les contributions directes. Mais pourquoi cette distinction ? Pourquoi le déficit à réparer pèserait-il uniquement sur certaines classes de personnes qui ne profitent pas plus que les autres des causes de ce déficit, c'est-à-dire du dégrèvement des consommations locales ? Si l'on objecte que l'impôt mobilier est insuffisant, et qu'il est bon de créer de nouvelles taxes pour atteindre la richesse mobilière qui est scandaleusement ménagée, nous en tomberons d'accord, mais encore faudrait-il y pourvoir autrement, et s'adresser, par exemple, à certains revenus exempts de tout impôt, comme ceux que l'on vient de passer en revue, au lieu de s'en prendre à un certain emploi de revenus lesquels proviennent peut-être d'une source, soit territoriale, soit industrielle, où ils ont déjà subi les prélèvements du fisc. Et puis, a-t-on bien réfléchi aux possibilités de cette mesure ? A Paris l'octroi donne un produit de 30 millions, tandis que la contribution personnelle et mobilière est seulement de 3,400,000. Songerait-on sérieusement à décu-

pler l'impôt de tout ce qu'il y a de locataires
parisiens. .

Quant à l'autre moitié du produit de l'octroi
qu'il s'agit de remplacer au profit des villes, le
crédit y pourvoirait. Les villes pourraient être
autorisées à emprunter avec la garantie de l'État
et moyennant une subvention du trésor égale à
la moitié des intérêts à servir ; le surplus de ces
intérêts, ainsi que le fonds d'amortissement de-
meurant au compte des villes et à la charge des
centimes additionnels. Par-là on conserverait
aux communes les ressources dont elles ont besoin pour les travaux d'utilité locale : en même
temps on contiendrait leurs dépenses, laissées
en partie à leur charge et soumises à l'approba-
tion du législateur. Enfin l'on utiliserait l'essor
naturel du crédit public sous un régime où l'impôt demandé de toutes parts aux capitaux n'é-
pargnerait que la rente.

Il est vrai qu'à l'entrée des villes, il ne se perçoit pas seulement un impôt municipal sur les
boissons, mais aussi bien des droits au profit
du Trésor, et qu'il servirait de peu d'avoir
aboli l'octroi, si les barrières détruites de ce côté
se perpétuaient du chef de l'État. Cette difficulté n'en est pas une, si l'on se souvient que
dès 1820 la suppression de ces droits était une
des réformes étudiées par l'administration des

finances, et qu'elle était à la veille d'introduire
dans le régime fiscal des boissons. Il faut voir,
dans le rapport au Roi du 15 mars 1830, comment on inclinait dès lors à remplacer les droits
de circulation, d'entrée, de licence pour une
taxe unique de consommation qui serait perçue
de la même manière que les droits de circulation [1]; on nous permettra peut-être de classer
parmi les choses pratiqués et prochaines, parmi
les éventualités les moins chimériques, une
réforme qui a pour elle 17 ans de carton et qui
était une des promesses du gouvernement déchu
avant d'être un des devoirs du gouvernement
actuel [2].

Tel est l'aperçu des ressources et des écono-
mies qui couvriraient, selon nous, le déficit at-

[1] Ce rapport se trouve tout au long dans le tome second
du système financier de M. D'Audiffret. La question d'entrée
sur les boissons y est traitée pages 189 et suivantes.

[2] Dans le projet dont il s'agit, on laissait subsister le droit
de détail, par cette pauvre raison que la consommation de
cabaret mérite peu d'égards, comme si le cabaret n'était que
pour les ivrognes ! On l'a remarqué dans un recueil peu
suspect d'utopie, c'est le sort des classes inférieures, c'est une
de leurs disgrâces, d'acheter toutes choses *au détail*, et le
détaillant pèse sur elles comme le capitaliste. (*Annales de la
charité*, T. V, pag. 194.) Mais, di a-t-on, remettre le droit de
détail, c'est uniquement enrichir les cabaretiers qui pour

taché à la suppression de l'octroi et de l'impôt
sur le sel. Ce que ces calculs ont de chanceux et
de problématique, la part qu'ils laissent à l'in-
connu, à l'hypothèse, à l'à peu près, nous ne
l'ignorons pas, mais à défaut de produit certain,
il y a là un de ces résultats qui couvrent, ajus-
tent et réparent tout : l'élévation du crédit public.

Nous l'avons dit, les capitaux n'ont rien d'insaisissable — on sait où les trouver, — rien d'é-
migrant — on peut s'en fier à leurs calculs autant
qu'à leur nationalité. Toutefois si le fisc les in-
quiète là où ils se prélassaient dans leur immunité, ils iront non pas dans un autre pays, mais
dans un autre emploi. Ils iront naturellement à
celui où la foi publique leur garantit la franchise d'impôt, c'est-à-dire un placement sur les
fonds publics. De là nécessairement des conditions avantageuses pour l'État toutes les fois

cela ne réduiront pas d'une obole le prix de leur denrée.
Cette objection a pour elle l'expérience faite en 1834, et
proteste aussi bien contre la suppression de l'impôt du sel.
Faut-il en conclure au monopole de l'État pour la vente
du vin et du sel ? Cette solution ne serait pas non plus
sans appui du côté de l'expérience et des précédents. M. Fix
nous apprend que dans quelques États de la Suisse et de la
Confédération germanique les cabarets constituent un monopole aux mains du gouvernement. (Voir *Observations sur
l'état des classes ouvrières*, pag. 295.) Quant au sel, le nou-

qu'il lui plaira d'emprunter. Or, je ne sache pas
de résultat plus merveilleusement approprié aux
besoins et aux droits de notre société. D'où vient
cet accroissement et souvent même ce découvert
des budgets, éternel obstacle aux réformes financières ? de l'essor qu'ont pris les travaux publics ? Pour qui ces travaux ? Pour la postérité
non moins que pour les générations actuelles.
Cela posé, comment nier que ce ne soit l'office du
crédit de pourvoir à ces dépenses et à ces défi-
cits. Qu'on me dise pourquoi le présent aurait
à sa charge l'établissement de ces travaux dont
l'avenir n'aurait que l'entretien ? Le temps est
passé où les emprunts semblaient uniquement
une machine de guerre. Les peuples semblent
d'avis désormais que la paix et ses œuvres méritent les mêmes efforts, les mêmes sacrifices
que leurs luttes d'autrefois, et s'il fallait un exemple, la Grande-Bretagne est entrée dans cette

veau et l'extraordinaire , c'est qu'il ne soit pas un monopole ; grâce à ce régime, on sait à quel point en Autriche et
en Toscane le sel est à bas prix.

Ainsi les meilleures mesures sur l'assiette de l'impôt ne se
suffiraient pas à elles-mêmes. Taxez la production pour atteindre les bénéfices ; selon toute apparence, c'est le consommateur qui payera la taxe. Otez une taxe sur la consommation , pour le bien du consommateur ; celui-ci ne cessera
pas de la payer : seulement elle s'arrêtera entre les mains
du marchand.

voie le jour où librement, pacifiquement, elle a
décrété l'incomé-tax, l'une des ressources dont
Pitt s'était armé pour la campagne d'Austerlitz.
Dans cet état, dans ces destinées du crédit public
un ensemble de mesures fiscales qui atteint les
capitaux dans leur gîte actuel, et qui les chasse
vers la rente, est la plus heureuse impulsion
que puissent recevoir nos finances et la plus
favorable à tout ce qui s'appelle progrès et
réforme de l'impôt.

On le conçoit de reste, si la richesse mobilière
ne peut se dérober à l'impôt qu'en s'offrant à
l'emprunt, si l'emprunt est la ressource de droit
pour certaines de nos dépenses, c'en est fait de
cet éternel prétexte de nécessité où s'abritent
tous les abus de finance. Peu importe que les impôts énumérés tout-à-l'heure soient moins productifs que ceux du sel et de l'octroi. Ils n'en
permettent pas moins la réforme dont il s'a-
git, en permettant à l'emprunt fécondé et sti-
mulé de leur façon, de remplacer l'impôt pour la
dépense des travaux publics. A ce compte, tout
ce qui manquerait aux nouvelles recettes serait
balancé jusqu'à due concurrence par la réduction de l'impôt affecté à cette dépense, c'est-à-
dire dans l'état actuel des choses par l'annulation
des rentes de l'amortissement.

C'est en ce sens que nous demeurons pénétré

des avantages de l'impôt direct et spécialement d'un impôt sur la richesse mobilière. C'est sur ce fondement que nous en attendons soit un produit, soit un résultat qui purge à jamais nos finances des recettes odieuses du sel et de l'octroi.

FIN.

www.ingramcontent.com/pod-product-compliance
Lightning Source LLC
LaVergne TN
LVHW050100060726
842524LV00003B/843